Q 하이! 코리안

Hi! KOREAN

Student's Book

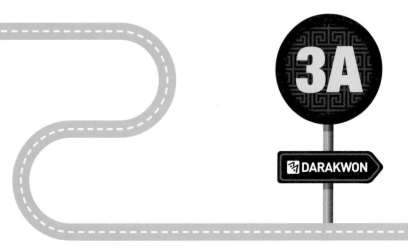

3A

DARAKWON

머리말

한국어 수업 현장에서 만나는 학습자들에게 한국어를 배우는 이유를 물으면 으레 '한국 문화가 좋아서'라고 답합니다. 어찌 보면 우문에 현답 같은 이 말 속에는 언어와 문화의 관계에 대해 굳이 거창하게 언급할 필요도 없을 만큼 이미 많은 것이 담겨 있으며, 이는 한국어 학습의 가장 기초적인 도구이자 관문이 될 수 있는 교재를 만들고자 할 때 좋은 길잡이가 되어 준 동시에 큰 숙제이기도 했습니다. 더불어 '활자 상실의 시대'라는 말이 과하지 않을 정도로 영상 콘텐츠가 대세인 환경에서 한국어 학습에 다시금 교재의 필요성과 중요성을 확인시켜야 할 의무감도 있었습니다. "Hi! Korean"은 이러한 고민들 속에서 시작되었고 여러 집필진들의 노력 끝에 출간하게 되었습니다.

본 교재는 말하기·듣기·읽기·쓰기 영역의 통합 교재로 다양한 교육 기관에서 정규 과정에 활용할 수 있도록 구성하였습니다. 또한 교육 기관을 통하지 않고 한국어를 배우고자 하는 개인 학습자들도 고려하여 교재만으로도 한국어를 학습하는 데 큰 어려움이 없도록 주의를 기울였습니다. 기본적으로는 초급부터 고급까지 구성의 일관성을 유지하며 말하기·듣기·읽기·쓰기 영역을 유기적으로 제시하되 각 단계별 특징을 고려하여 구성에 일부 차이를 두었습니다. 특히 듣기와 읽기를 과마다 제시하는 대신 과별 분리 제시하여 영역별 학습 집중도를 높이고 동일한 구성이 가져올 수 있는 지루함도 다소 덜어 내고자 하였습니다. 또한 듣기와 읽기 학습 시 문제 풀이 중심에서 벗어나 말하기로 정리하게 함으로써 의사소통 역량을 키우는 데 중점을 두었습니다. 더불어 기능별 심화 학습이 이루어질 수 있도록 초급과 고급까지 대단원마다 쓰기 및 말하기 항목을 따로 두어 초급과 중급에서 체계적으로 학습하고, 이후 고급의 심화 단계에서 응용할 수 있도록 하였습니다. 마지막으로 단원의 주제와 내용을 통해 한국의 오늘을 보다 현실감 있게 보여 주려고 노력하였는데, 이때 실제로 언어가 사용되는 환경과 동떨어지지 않으면서 동시에 학습에 적합한 내용을 제시하기 위해 내용은 물론 사진이나 삽화 등의 선택에도 끊임없이 고민하였습니다. 이러한 노력은 결국 이 책을 사용하여 한국어의 아름다움과 마주하게 될 미지의 학습자들을 위한 것으로 그들의 학습 여정에 도움이 될 수 있었으면 합니다.

서두에 밝힌 바와 같이 크고 무거운 숙제를 안고 교재 출간이 기획되었고 오랜 기간 여러 선생님들의 헌신과 노력 끝에 "Hi! Korean"이 완성되었습니다. 본 교재는 전·현직 홍익대학교 국제언어교육원의 한국어 교사들이 중심이 되어 기획 및 집필의 모든 과정을 함께 하였는데 쉼없이 강의와 집필을 병행하시느라 고생하신 선생님들께 감사드립니다. 또한 옆에서 항상 응원해 주신 홍익대학교 국제언어교육원 동료 선생님들과 처음부터 끝까지 모든 과정에서 세심하게 챙겨 주시고 이끌어 주신 정은화 선생님께 깊은 감사를 드립니다. 마지막으로 편집 및 출판을 맡아 주신 다락원 관계자분들께도 감사의 말씀을 전합니다.

2023년 11월
저자 대표 이 현 숙

일러두기

〈Hi! Korean Student's Book 3〉은 '1단원~12단원'으로 구성되어 있고 한 단원은 '소단원 1, 2, 한 단계 오르기'로 이루어져 있다. '소단원 1'은 '문법, 대화, 어휘와 표현, 듣고 말하기 1, 2', '소단원 2'는 '문법, 대화, 어휘와 표현, 읽고 말하기 1, 2', '한 단계 오르기'는 '생각해 봅시다, 어휘 늘리기, 실전 말하기, 실전 쓰기'로 구성되었다.

소단원 1, 2

도입 ⋯ 문법 ⋯ 대화 ⋯ 어휘와 표현 ⋯ 듣고 말하기 1 ─ 듣고 말하기 2

읽고 말하기 1 ─ 읽고 말하기 2

한 단계 오르기

- 생각해 봅시다
- 어휘 늘리기
- 실전 말하기
- 실전 쓰기

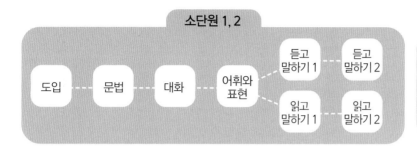

단원 소개

단원의 주제와 학습 목표를 알려 준다.

소단원 1, 2

도입

학습할 내용을 추측할 수 있도록 주제와 관련된 사진과 질문을 제시한다.

문법 '문법 제시', '연습', '활동'으로 구성된다.

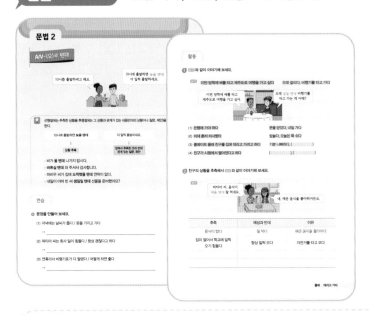

소단원마다 2개의 목표 문법을 제시한다. 상황 제시 대화, 도식화된 문형 정보, 예문을 제시하여 목표 문법에 대한 이해를 돕는다. 연습과 활동을 통해 목표 문법의 활용을 연습한다.

대화

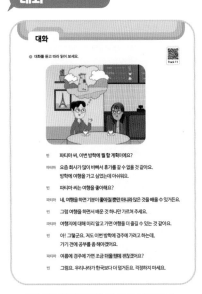

단원의 목표 문법으로 구성된 대화문을 관련된 그림과 함께 제시한다.

어휘와 표현

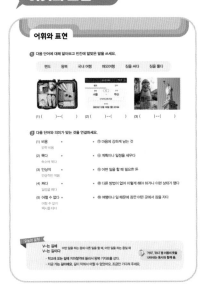

단원의 주제와 관련된 어휘와 표현을 그림이나 사진, 의미와 함께 제시하고 간단한 문제를 통해 이해했는지 확인한다.

듣고 말하기

듣고 말하기 1, 2로 구성되어 있다.

사진과 그림을 이용한 사전 활동, 내용 이해 중심의 듣기 활동, 듣기 내용과 연계된 말하기 활동으로 이루어진다. '듣고 말하기 1'이 '듣고 말하기 2'를 하기 위한 준비 활동이 될 수 있도록 구성하였다.

읽고 말하기

읽고 말하기 1, 2로 구성되어 있다.

사진과 그림을 이용한 사전 활동, 내용 이해 중심의 읽기 활동, 읽기 내용과 연계된 말하기 활동으로 이루어진다. '읽고 말하기 2'는 '읽고 말하기 1'의 내용을 연계해 확장되도록 구성하였다.

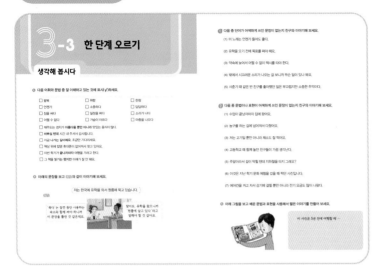

단원에서 학습한 '어휘와 표현' 및 '문법'을 확인하고 어색한 문장을 고치는 연습을 통해 이해도를 점검한다. 단원의 주제와 관련된 짧은 이야기를 만들며 배운 내용을 종합해 볼 수 있도록 한다.

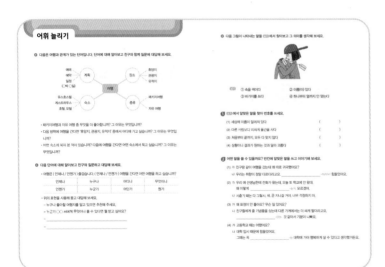

어휘 늘리기

단원의 주제와 관련된 어휘를 확장하는 부분과 관용어를 학습하는 부분으로 이루어져 있다.

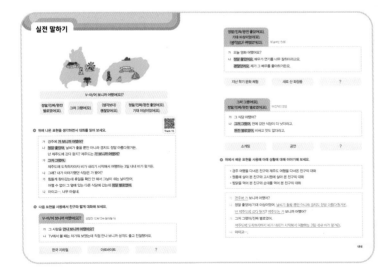

실전 말하기

각 단원의 주제와 관련된 유의미한 말하기 텍스트를 제시한다. 말하기에 사용하기 좋은 표현을 함께 제시하여 짧은 대화에서 긴 대화로 확장해 연습한다.

각 단원의 주제와 관련된 유의미한 쓰기 텍스트를 제시한다. 기능에 맞는 표현을
함께 제시하여 짧은 글에서 긴 글로 확장해 연습한다.

부록

정답, 듣기 대본, 어휘 색인을 제공
하여 학습한 내용을 확인할 수 있게
한다.

목차

교재 구성표

단원			문법	어휘와 표현	활동	
01 서울	1-1	서울에는 구경할 곳이 정말 많아요	• A-대(요) V-ㄴ/는대(요) • A/V-아/어도	• 서울 • 얼마나 A/V-(으)ㄴ/는데(요)	**듣고 말하기** 서울을 좋아하는 이유	

	1-2	사람이 많은 걸 보니까 유명한가 봐요	• A-(으)ㄴ 걸 보니(까)
			  V-는 걸 보니(까)
			  A-(으)ㄴ가 보다 V-나 보다
			• A-(으)ㄴ 대신(에)
			  V-는 대신(에) N 대신(에)
				• 관광
				• A-(으)ㄴ 데/V-는 데
				  (장소, 상황)
					읽고 말하기
					서울 주변의 여행지	

	1-3	한 단계 오르기	**생각해 봅시다** • 1단원 자기 점검	**어휘 늘리기** • 수도와 지방 • 길 vs. 로 • 월급이 쥐꼬리만 하다	**실전 말하기** 정보 묻기	**실전 쓰기** 글쓰기 기초 1

02
유학
생활
	2-1	지금처럼 계속 노력한다면 좋은 결과가 있을 거예요	• A-다면 V-ㄴ/는다면
			  N(이)라면
			• V-기 위해(서)
			  N을/를 위해(서)
				• 시험과 자격증
				• 어떻게 V-아/아야 할지 모르겠다
					듣고 말하기
					자격증	

	2-2	야구 경기를 관람했는데 정말 재미있더라고요	• A/V-더라고(요) • A/V-(으)ㄹ 수밖에 없다	• 여가 활동 • V-(으)면 곤란하다, V-기(가) 곤란하다	**읽고 말하기** 문화가 있는 날	

	2-3	한 단계 오르기	**생각해 봅시다**
			• 2단원 자기 점검
				어휘 늘리기
				• 참가하다/참석하다/
				  참여하다
				• 감상하다/관람하다/
				  구경하다
				• 강 건너 불 구경
					실전 말하기
					후회하기
						실전 쓰기
						글쓰기 기초 2
						주제 소개하기

03
소중한
추억
	3-1	여행을 하면 기분이 좋아질 뿐만 아니라 많은 것을 배울 수 있어요	• A/V-(으)ㄹ 뿐(만) 아니라
			  N뿐(만) 아니라
			• A/V-(으)ㄹ 텐데
				• 여행
				• V-는 길에,
				  V-는 길이다
					듣고 말하기
					여행 계획	

	3-2	여기가 제가 어렸을 때 살던 곳이에요	• V-던 N A-았/었던 N • V-자마자	• 어린 시절 • A/V-기는 하지만	**읽고 말하기** 반려동물과의 추억	

	3-3	한 단계 오르기	**생각해 봅시다**
			• 3단원 자기 점검
				어휘 늘리기
				• 여행 관련 어휘
				• 언제나/누구나/어디나/
				  무엇이나
				  언젠가/누군가/어딘가/뭔가
				• 바가지를 쓰다
					실전 말하기
					경험 말하기
						실전 쓰기
						나열하기

단원			문법	어휘와 표현	활동	
04 **성격과 감정**	4-1	그건 너답지 않아	• N답다, N스럽다 • V–지 그래(요)?, V–지 그랬어(요)?	• 성격과 성향 • 하도 A/V–아/어서	**듣고 말하기** 당신은 어떤 사람입니까?	
	4-2	친구가 기분 나빠 할까 봐 마음에 드는 척했어요	• A/V–(으)ㄹ까 봐(서) • A/V–(으)ㄴ/는 척하다	• 감정의 표현 • V–아/어지다	**읽고 말하기** 고민과 조언	
	4-3	한 단계 오르기	**생각해 봅시다** • 4단원 자기 점검	**어휘 늘리기** • 꼭/꽉/딱/텅 • –돌이 vs. –순이 • 성격이 불같다	**실전 말하기** 확신과 의심	**실전 쓰기** 정의하기
05 **대인 관계**	5-1	아르바이트를 하느라고 모임에 못 갔어요	• V–느라(고) • V–(으)ㄹ걸 그랬다	• 부탁과 거절 • A/V–(으)ㄹ 텐데	**듣고 말하기** 거절 잘하는 방법	
	5-2	제가 약속에 늦었더니 친구가 화를 냈어요	• V–았/었더니 • V–게	• 사과와 화해 • V–아/어다(가)	**읽고 말하기** 사과하는 방법	

	5-3	한 단계 오르기	**생각해 봅시다**
			• 5단원 자기 점검
				어휘 늘리기
				• 하다 vs. 되다/
				  내다 vs. 나다/
				  풀다 vs. 풀리다/
				  쌓다 vs. 쌓이다
				• 손이 발이 되도록 빌다
					실전 말하기
					부탁과 거절
						실전 쓰기
						예시하기
						가정하기

06
음식
	6-1	요리책에
		나와 있는 대로
		만들면 돼요
			• V–는 대로 N대로
			• A–다면서(요)?
			  V–ㄴ/는다면서(요)?
				• 요리
				• V–기만 하다,
				  V–기만 하면 되다
					듣고 말하기
					미역국 끓이기	

	6-2	한국에서 살다 보니까 익숙해지더라고요	• V–다(가) 보니(까) • N(이)라도	• 식사 문화 • 무슨/어느/ 어떤 N(이)든(지)	**읽고 말하기** 한식의 특징	
	6-3	한 단계 오르기	**생각해 봅시다** • 6단원 자기 점검	**어휘 늘리기** • 맛 • 식감 • 김칫국부터 마시다	**실전 말하기** 의견 표현하기	**실전 쓰기** 과정 설명하기

카린

일본인, 간호사

첸

중국인, 유학생

파티마

이집트인, 회사원

엠마

미국인, 요리사

올가

러시아인, 주부 / 디자이너

유민

한국인, 대학생

마크

프랑스인, 모델

빈

베트남인, 크리에이터

김민아

한국인, 대학생

박서준

한국인, 대학생

이지은 선생님

한국인, 선생님

파비우

브라질인, 유학생

CHAPTER

01

서울

1-1 서울에는 구경할 곳이 정말 많대요

- 여러분이 알고 있는 서울의 명소는 어디입니까?
- 서울에서 가장 좋아하는 장소는 어디입니까? 그 이유는 무엇입니까?

문법1

A-대(요) V-ㄴ/는대(요)

아까 카린 씨가 뭐라고 했어요?

오늘 점심에 약속이 있대요.
한국 친구와 점심을 먹는대요.

> 'A-다고 해요'와 'V-ㄴ/는다고 해요'의 줄임말. 들은 이야기나 알고 있는 정보를 다른 사람에게 전달할 때 사용하는 구어 표현이다.

오늘 점심에 약속이 **있다고 해요**.	**있대요**.
한국 친구와 점심을 **먹는다고 해요**. →	**먹는대요**.

줄인 표현

- 엠마 씨는 친구들과 한국어로만 **이야기한대요**.
- 친구에게 들었는데 한강의 야경이 아주 **아름답대요**.
- 마크 씨는 취미가 **쇼핑이래요**.

V-(으)래(요) V-재(요) A/V-냬(요)

- 내일 산에 가니까 편한 신발을 신고 **오래요**.
- 엠마 씨가 이사하는데 **도와달래요**.

- 친구가 자전거를 타다가 넘어져서 **다쳤대**.
- 일기 예보에서 내일 날씨가 **좋을 거래요**.

- 룸메이트가 주말에 같이 마트에 **가재요**.
- 한국 친구가 저에게 왜 한국어를 **배우냬요**.

연습

◉ 문장을 만들어 보세요.

(1) 첸: "오늘 날씨가 좋아요."

→ 첸 씨가 _____

(2) 레나: "저는 비빔밥을 좋아해요."

→ 레나 씨가 _____

(3) 선생님: "시험은 다음 주입니다."

→ 선생님이 _____

1 보기 와 같이 이야기해 보세요.

보기

주말에 친구랑 홍대 주변을 구경했어요.

엠마 씨가 뭐래요?

엠마 씨가 주말에 친구랑 홍대 주변을 구경했대요.

(1) "한국에 사는 동안 여행을 많이 할 거예요."

(2) "이 문법을 모르는데 좀 가르쳐 주세요."

(3) "이따가 같이 도서관에 갈래요?"

(4) "집이 어디예요?"

2 보기 와 같이 이야기해 보세요.

보기

현재 폭설 때문에
제주행 항공기가
모두 취소되었습니다.
불편을 드려 죄송합니다.

가 저기에 뭐라고 쓰여 있어요?
나 지금 제주도에 눈이 너무 많이 와서 제주행 비행기가
   모두 취소됐대요.

(1)
강아지를 찾습니다

말티즈(수컷, 흰색)

연락처: 000-0000

(2)
독서 동아리
회원 모집

문의: 000-0000

(3)
입장 전
마스크를
착용해 주세요.

(4)
추석 연휴
휴무 안내

9월 12(목)~15(일)

즐거운 추석 보내세요!

폭설 | 착용하다 | 휴무

18

문법 2

A/V-아/어도

오후에 비가 온대요.
운동을 하루 쉬면 어때요?

안 돼요, 비가 와도
운동을 가야 해요.

앞의 상황이나 행동이 뒤의 사실에 영향을 주지 않을 때 사용한다. 선행절에서는 어떤 상황이 있거나 행동을 하지만 후행절의 상황이나 행동은 그것과 관계없이 이루어질 때 사용한다.

비가 **와도**	운동을 가야 해요.
↓	↓
어떤 상황/행동이지만	꼭 해야 함/변하지 않음

· 너무 늦어서 택시를 **타도** 약속 시간까지 도착 못 해요.
· 아무리 **피곤해도** 숙제는 꼭 하고 자요.
· 단어를 아무리 **외워도** 시험 볼 때 생각이 안 나요.

📝 '아무리 –아/어도'의
형태로 자주 사용한다.

연습

● 문장을 만들어 보세요.

(1) 시험이 어렵다 / 꼭 합격할 것이다

→ _____

(2) 커피를 마시다 / 계속 졸리다

→ _____

(3) 외국인이다 / 지하철을 쉽게 이용할 수 있다

→ _____

합격하다

1 보기 와 같이 이야기해 보세요.

보기 유학 생활이 힘들다, 고향에 돌아갈까 하다　　　　　　힘들다, 포기하면 안 되다

유학 생활이 힘들어서 고향에 돌아갈까 해요.

힘들어도 포기하면 안 돼요.

(1) 책이 비싸다, 친구에게 빌릴까 하다　　　　　　비싸다, 사야 하다

(2) 일이 바쁘다, 점심을 못 먹었다　　　　　　바쁘다, 밥을 먹어야 하다

(3) 감기에 걸리다, 병원에 다닌다고 들었다　　　　　　약을 먹다, (　　　　　　　　)

(4) 가수가 되고 싶다, 노력한다고 들었다　　　　　　(　　　　　　　　), 꿈을 이룰 것이다

2 열심히 노력해도 잘 안 되는 일이 있습니까? 보기 와 같이 이야기해 보세요.

보기 저는 아무리 연습해도 발음이 안 좋아요.

(1) 저는 아무리 운동해도

(2) 저는 아무리

(3) 저는

포기하다 | 꿈 | 이루다

20

대화

● 대화를 듣고 따라 읽어 보세요.

서준 첸 씨, 이번 학기에 새로 온 신입생이 있어요?

첸   네, 이름이 파비우라고 해요. 브라질 사람이래요.
     대학원에 가려고 한국에 왔대요.

서준 브라질 사람이요? 그럼 축구를 좋아한대요?

첸   네, 축구를 너무 좋아해서 아무리 피곤해도 주말 아침에는 꼭 축구를
     한대요. 그러면서 저한테도 같이 하재요.

서준 와, 역시 브라질 사람은 축구를 정말 좋아하네요!

첸   네, 그래서 이번 주 토요일에 같이 축구하기로 했어요.

서준 잘됐네요! 다음에는 저도 같이 해요.

어휘와 표현

1 다음은 서울의 지도입니다. 그림을 보고 빈칸에 알맞은 말을 쓰세요.

한강	강남	강북	대교

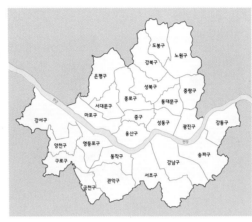

(1) (　　　　　)
서울에 있는 큰 강

(2) (　　　　　)
강의 북쪽 지역

(3) (　　　　　)
강을 건널 수 있는 큰 다리

(4) (　　　　　)
강의 남쪽 지역

2 다음 단어와 의미가 맞는 것을 연결하세요.

(1) 수도　　•　　•　㉮ 어떤 일이나 활동의 중심이 되는 곳

(2) 대도시　•　　•　㉯ 어떤 지역에 사는 사람의 수

(3) 중심지　•　　•　㉰ 미국-워싱턴 D.C., 중국-베이징, 프랑스-파리

(4) 도심　　•　　•　㉱ 도시의 중심

(5) 인구　　•　　•　㉲ 지역이 넓고 사람이 많은 도시

오늘의 표현

얼마나 A/V-(으)ㄴ/는데(요) 다른 사람에게 그 정도를 강조해서 알려 줄 때

• 한강이 **얼마나 아름다운데요**.
• 제가 서울을 **얼마나 좋아하는데요**.

듣고 말하기 1

◉ 여러분은 홍대 앞에 자주 갑니까? 홍대 앞에서 무엇을 하면 좋습니까?

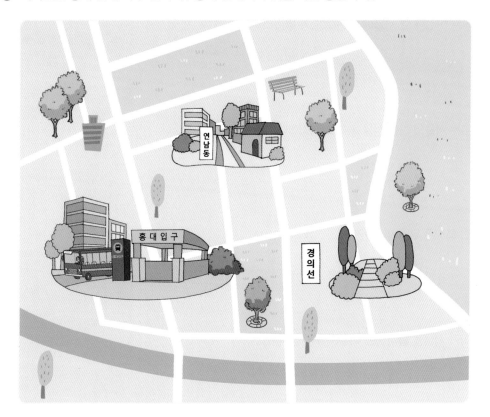

1 다음을 잘 듣고 대답해 보세요.

(1) 두 사람은 주말에 무엇을 할 예정입니까?

(2) 소개 영상에서 왜 연남동을 추천했습니까?

(3) 여러분 나라에 홍대 앞과 비슷한 명소는 어디입니까? 소개해 보세요.

Track 02

예정   숲길   길거리

듣고 말하기 2

1 다음을 잘 듣고 대답해 보세요.

Track 03

(1) 파비우는 어렸을 때 서울에서 어디에 가 봤습니까?

(2) 파비우는 서울의 어떤 점을 좋다고 생각합니까?

(3) 서울의 특징은 무엇입니까?

(4) 파티마가 서울을 좋아하는 이유는 무엇입니까?

2 여러분의 생각을 이야기해 보세요.

(1) 여러분은 서울에 처음 왔을 때 느낌이 어땠습니까?

(2) 여러분 나라의 수도나 고향 도시와 서울을 비교했을 때 비슷하거나 다른 점을 이야기해 보세요.

적응하다 | 안전하다 | 굉장히 | (불이) 꺼지다 | 조선 시대 | 세월 | 정치 | 경제 | 과거 | 사이 | 멋지다 | 분명히

● 다음은 관광객들이 서울에서 하고 싶어하는 일들입니다. 여러분은 어떤 일을 하고 싶습니까?
여러분의 '서울 관광 버킷 리스트'를 만들어 보세요.

☐ 광화문 광장부터 청계천까지 빌딩과 도심 산책하기

☐ 예쁜 한복 빌려 입고 고궁에 가서 멋진 사진 찍기

☐ 인사동에서 전통 기념품 사기

☐ 홍대 걷고 싶은 거리에서 길거리 공연 즐기기

☐ 최신 유행인 성수동 골목을 구경하기

☐ 서울에서 가장 높은 서울스카이 전망대에서 야경 보기

☐ 자전거 타고 한강 가서 치맥 먹기

☐ 서울시티투어버스 타고 서울 명소를 편하게 여행하기

☐ …

참고: 서울관광재단

〈 나의 서울 관광 버킷 리스트 〉

☐ _____

☐ _____

☐ _____

☐ _____

고궁 | 최신

1-2 사람이 많은 걸 보니까 유명한가 봐요

- 서울 근처의 관광지 중에서 아는 곳이 있습니까? 어떻게 알게 됐습니까?
- 한국에서 서울이 아닌 다른 도시에 가 본 적이 있습니까? 그곳은 어땠습니까?

문법 1

A-(으)ㄴ 걸 보니(까)   A-(으)ㄴ가 보다 V-나 보다
V-는 걸 보니(까)   A-(으)ㄴ가 보다 V-나 보다

사람들이 우산을 쓰고 가네요.

우산을 쓰고 가는 걸 보니까 비가 오나 봐요.

현재의 상황이나 상태를 이유, 근거로 해서 과거, 현재, 미래의 어떤 상황이나 상태를 추측할 때 사용한다. 'A-(으)ㄴ 걸 보니(까), V-는 걸 보니(까)'는 화자가 확인한 추측의 이유 및 근거를, 'A-(으)ㄴ가 보다, V-나 보다'는 앞의 내용을 근거로 하여 추측한 내용을 쓴다.

사람들이 우산을 쓰고 **가는 걸 보니까**   비가 **오나 봐요.**

↓   ↓

이유, 근거   추측, 예상

- 안경을 **쓴 걸 보니** 눈이 **나쁜가 봐요.**
- 이 식당에 사람이 **많은 걸 보니까** 음식이 **맛있나 봐요.**
- 가게 문이 닫혀 **있는 걸 보니** 오늘이 쉬는 **날인가 봐요.**
- 1급 **학생인 걸 보니까** 한국에 온 지 얼마 **안 됐나 봅니다.**

연습

◉ 문장을 만들어 보세요.

(1) 두 사람이 말을 안 하다 / 싸웠다

→ _____

(2) 관광객이 많다 / 유명한 관광지이다

→ _____

(3) 빈 씨가 선물을 받고 웃다 / 마음에 들다

→ _____

활동

1 보기 와 같이 이야기해 보세요.

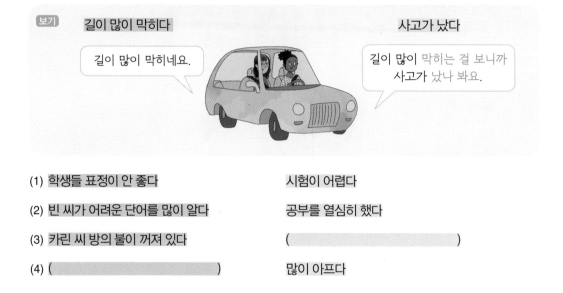

보기

길이 많이 막히다   사고가 났다

> 길이 많이 막히네요.

> 길이 많이 막히는 걸 보니까 사고가 났나 봐요.

(1) 학생들 표정이 안 좋다   시험이 어렵다

(2) 빈 씨가 어려운 단어를 많이 알다   공부를 열심히 했다

(3) 카린 씨 방의 불이 꺼져 있다   (   )

(4) (   )   많이 아프다

2 우리 반 친구들에게 무슨 일이 있을까요? 상황을 보고 보기 와 같이 추측해 보세요.

보기

> 마크 씨가 요즘 수업 시간에 계속 자네요.

> 마크 씨가 수업 시간에 계속 자는 걸 보니까 일이 바쁜가 봐요.

질문	친구의 대답
마크 씨가 요즘 수업 시간에 계속 자다	일이 바쁘다
카린 씨의 눈이 빨갛다	
100점을 받은 학생이 많다	
엠마 씨가 화장을 하고 학교에 왔다	

문법 2

A-(으)ㄴ 대신(에) V-는 대신(에)

버스를 타고 갈까요?

가까우니까 버스를 **타는 대신에** 걸어서 갑시다.

앞의 행동이나 물건을 뒤의 행동이나 물건으로 대체할 때. 또는 앞의 상황을 뒤의 상황으로 보상하거나 보완할 때 사용한다.

버스를 타는 대신에	걸어서 갑시다.
↓	↓
행동, 상황	다른 행동이나 상황으로 대체

발표 준비를 도와주는 대신	내가 밥을 살게.
↓	↓
행동, 상황	다른 행동이나 상황으로 보상

· 책을 **읽는 대신에** 영화를 보려고 합니다.
· 이 집은 월세가 **비싼 대신** 학교에서 가까워요.

· 한국의 겨울은 **추운 대신에** 눈이 와서 좋아요.
· 늦게까지 **일한 대신에** 월급을 많이 받았다.

N 대신(에)
· 연필 **대신** 볼펜으로 쓰세요.

연습

● 문장을 만들어 보세요.

(1) 일이 바쁘다 / 월급이 많다

→ _____

(2) 아침밥을 먹다 / 잠을 더 잤다

→ _____

(3) 음식을 만들다 / 밖에 나가서 먹기로 했다

→ _____

활동

① 보기 와 같이 이야기해 보세요.

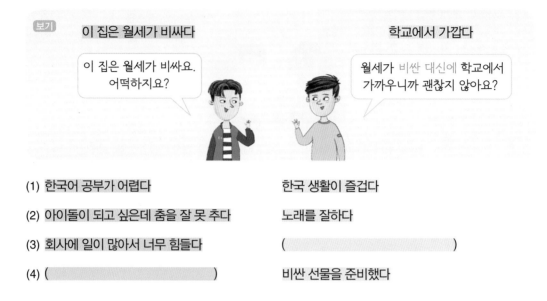

보기

이 집은 월세가 비싸다   학교에서 가깝다

이 집은 월세가 비싸요. 어떡하지요?

월세가 비싼 대신에 학교에서 가까우니까 괜찮지 않아요?

(1) 한국어 공부가 어렵다   한국 생활이 즐겁다

(2) 아이돌이 되고 싶은데 춤을 잘 못 추다   노래를 잘하다

(3) 회사에 일이 많아서 너무 힘들다   (　　　　　　　　　　　)

(4) (　　　　　　　　　　　　　　　)   비싼 선물을 준비했다

② 생각한 것 대신 다른 행동을 한 적이 있습니까? 친구와 자신의 경험을 보기 와 같이 이야기해 보세요.

보기

영화를 본다고 했지요? 잘 봤어요?

매진이어서 영화관에서 보는 대신에 집에서 봤어요.

원래 계획	이유	바뀐 계획
영화를 보다	매진이다	집에서 보다
친구에게 밥을 사다	밥을 먹고 왔다고 하다	커피를 사다
지난 주말에 친구의 발표 준비를 도와주다	시간이 없다	오늘 도와주기로 하다
한국 친구 집 근처에서 집을 찾다	학교에서 너무 멀다	학교 근처에서 집을 찾다

대화

● 대화를 듣고 따라 읽어 보세요.

첸　엠마 씨, 정말 미안해요. 늦잠을 자서 늦었어요.

엠마　괜찮아요. 빨리 가면 늦지 않을 거예요.

첸　그럼 택시를 타는 건 어때요? 제가 늦은 대신에 택시비를 낼게요.

엠마　그런데 길이 많이 막히는데요.
　　　이렇게 길이 막히는 걸 보니까 사고가 났나 봐요.

첸　그래요? 제가 인터넷을 찾아볼게요. 아, 진짜 사고가 났대요.

엠마　사고가 났으면 지하철을 타고 가는 게 더 빠를 것 같아요.

첸　그럼 택시 대신 지하철을 타러 갑시다.
　　　택시비를 안 내는 대신에 맛있는 점심을 살게요.
　　　엠마 씨가 먹고 싶은 음식이 있으면 말만 하세요.

엠마　좋아요. 가는 동안 생각해 볼게요.

어휘와 표현

1 다음 단어에 대해 알아보고 빈칸에 알맞은 말을 쓰세요.

| 볼거리 | 먹을거리 | 즐길 거리 | 수도권 | 당일치기 |

(1) (   )
보고 싶을 정도로
좋은 것/곳

(2) (   )
즐길 수 있는 것

(3) (   )
수도와 그 주변의 도시

(4) (   )
일을 시작한
그날에 끝냄

(5) (   )
맛있거나 유명해서
먹어 보고 싶은 음식

2 다음 단어와 의미가 맞는 것을 연결하세요.

(1) 들다 •
단풍이 들다

(2) 이동하다 •
교실로 이동하다

(3) 알려지다 •
명소로 알려져 있다

(4) 떨어지다 •
집은 학교에서 1km
떨어져 있다

(5) 완벽하다 •
준비가 완벽하다

• ㉮ 사람들이 알게 되다

• ㉯ 위치한 장소를 바꾸다

• ㉰ 두 장소 사이가 어느 정도 멀다

• ㉱ 틀리거나 부족한 것 없이 좋다

• ㉲ 가을에 나뭇잎이 빨갛게 되는 것처럼 색이 변하다

> **오늘의 표현**
>
> A-(으)ㄴ 데
> V-는 데
>   '데'는 '장소' 또는 '것, 일'을 나타냄
>
> • 친구의 경험은 내가 완벽한 계획을 **세우는 데**에 도움이 됐다.
> • 제주도로 여행을 가려고 하는데 즐길 거리가 **많은 데**를 추천해 주세요.

읽고 말하기 1

◉ 다음은 서울의 지하철 노선도입니다. 어디까지 가 봤습니까?

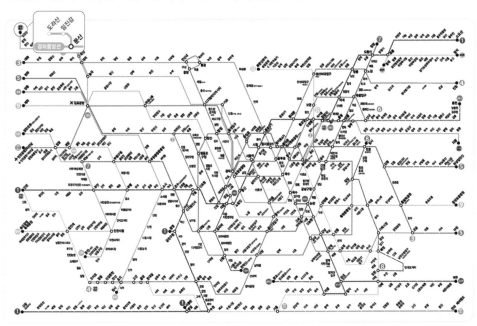

1️⃣ 다음을 읽고 대답해 보세요.

지하철 Q&A

Q 서울에서 지하철을 타면 어디까지 갈 수 있어요?

A 서울의 '지하철 노선도'를 보면 서울을 포함한 수도권의 지하철역이 모두 나와 있습니다. 서울에서 지하철을 타면 서울에서 조금 떨어져 있는 주변의 도시들까지 이동할 수 있기 때문입니다.

Q 이름이 지하철인 걸 보니까 모든 열차가 지하로 다니는 것 같은데 맞나요?

A 그렇지 않습니다. 서울 도심 이외의 지역을 지날 때에는 대부분 지상으로 다닙니다. 이렇게 지하가 아니라 지상으로 다니는 열차는 지하철이 아니라 전철이라고 부릅니다. 왜냐하면 전기로 다니는 열차를 모두 전철이라고 부르기 때문입니다. 그러나 서울 도심을 지나는 대부분의 열차는 지하로 다니기 때문에 전철 대신에 지하철로 부르게 되었습니다.

(1) 지하철 노선도에서 무엇을 볼 수 있습니까?

(2) 서울에서는 왜 '지하철'이라고 부르게 되었습니까?

(3) 여러분의 고향에서는 이동할 때 보통 무엇을 이용합니까? 그 이유는 무엇입니까?

노선도 | 포함하다 | 이외 | 지역 | 지상 | 전철 | 왜냐하면 | 전기 | 그러나

읽고 말하기 2

● 다음은 지하철을 타고 당일치기로 다녀올 수 있는 서울 주변의 관광지입니다.

춘천 남이섬

남이섬은 유명한 드라마를 촬영한 데로 알려져 있습니다. 남이섬 안에는 노래 박물관, 미술관 등 다양한 즐길 거리가 있습니다. 경치를 구경하면서 자전거를 타거나 산책을 하는 사람들이 많습니다. 특히 단풍이 드는 가을에 가면 사진을 찍을 데가 많기 때문에 사진 찍는 것을 좋아하는 사람이 가면 좋습니다. 경춘선 가평역에 내려서 남이섬에 들어가는 배를 타면 되는데 배를 타는 데까지 가깝기 때문에 택시를 타는 대신에 걷는 것을 추천합니다. 춘천의 먹을거리로 유명한 닭갈비와 막국수도 함께 즐기기에 좋습니다.

수원 화성

화성은 '유네스코 세계문화유산'으로 조선 시대에 지은 성곽입니다. 조선 시대 성곽의 완벽한 모습을 볼 수 있으며 화성을 지을 때의 자료가 모두 남아 있기 때문에 유네스코 세계 문화유산에 선정되었습니다. 화성을 구경할 때 함께 볼 수 있는 곳으로 화성 행궁이 있습니다. 화성 행궁은 왕이 화성에 왔을 때 사용한 숙소입니다. 1호선 수원역에서 내리면 화성에 갈 수 있는데, 걸어서 3시간이면 성곽을 모두 구경할 수 있습니다.

파주 DMZ(Demilitarized Zone)

DMZ는 남한과 북한이 1953년에 전쟁을 쉬기로 하면서 만든 곳으로 한국의 역사를 느낄 수 있는 특별한 장소입니다. 경의선 임진강역에서 내리면 '임진각 평화 전망대', '자유의 다리', '평화누리공원' 등 관광지를 구경할 수 있습니다. DMZ를 더 가까이 느끼고 싶으면 임진강역에서 도라산역으로 이동해야 합니다. 도라산역은 남한에서 갈 수 있는 마지막 역입니다. 도라산역까지 가는 열차는 별로 없기 때문에 열차 시간을 확인해야 하고 신분증을 꼭 가지고 가야 합니다.

1 질문에 답하세요.

(1) 춘천 남이섬은 어떤 사람이 가면 좋습니까?

(2) 춘천 남이섬에서는 무엇을 할 수 있습니까?

(3) 수원 화성이 유네스코 세계 문화유산이 된 이유는 무엇입니까?

(4) 수원 화성을 구경하면서 무엇을 함께 해 보면 좋습니까?

(5) 파주 DMZ는 어떤 곳입니까?

(6) 도라산역을 방문할 때 주의해야 하는 것은 무엇입니까?

2 여러분의 생각을 이야기해 보세요.

(1) 위의 글에서 소개한 관광지 중에서 가장 가 보고 싶은 관광지는 어디입니까?
   그 이유는 무엇입니까?

(2) 여기에 소개되지 않았지만 내가 가 봤거나 가 보고 싶은 서울 주변의 관광지가 있습니까?

(3) 여러분의 고향 근처에도 당일치기 여행을 할 수 있는 관광지가 있습니까? 그곳은 어떤 곳입니까?
   거기에서는 무엇을 하면 좋습니까? 간단하게 메모하고 이야기해 봅시다.

관광지	
고향에서 가는 법	
볼거리	
먹을거리	
즐길 거리	

촬영하다 | 왕 | 성곽 | 유네스코 세계 문화유산 | 자료 | 선정되다 | 숙소 | 전쟁 | 남한 | 북한 | 주의하다

1-3 한 단계 오르기

생각해 봅시다

● 다음 어휘와 문법 중 잘 이해하고 있는 것에 표시(√)하세요.

- ☐ 도심
- ☐ 인구
- ☐ 중심지
- ☐ 대도시
- ☐ 수도
- ☐ 분명히
- ☐ 볼거리
- ☐ 수도권
- ☐ 이동하다
- ☐ 당일치기
- ☐ 단풍이 들다
- ☐ 알려지다

- ☐ 선생님에게 들었는데, 이번 학기 문화 체험을 남이섬으로 **간대요.**
- ☐ 비가 **와도** 갈 거니까 우산을 **준비하래요.**
- ☐ 남이섬이 **얼마나 아름다운데요.**
- ☐ 출발 장소가 서울역인 걸 **보니까** 기차를 타고 **가나 봐요.**
- ☐ 저는 지난 방학에 고향에 **가는 대신에** 친구와 여행을 갔다 왔거든요.
- ☐ 사진 **찍을 데가** 많으니까 카메라를 꼭 가지고 가세요.

● 아래의 문장을 보고 [보기] 와 같이 이야기해 보세요.

> 그 학교는 인구가 많은 편이에요.

[보기]

'인구'는 사람의 수를 의미하니까 이 문장은 괜찮은 것 같은데요.

글쎄요, '인구'는 어떤 곳에 살고 있는 사람의 수를 의미하니까 학교에 살고 있는 사람은 좀 이상하지 않을까요?

1 다음 중 단어가 어색하게 쓰인 문장이 없는지 친구와 이야기해 보세요.

  (1) 서울은 대한민국의 수도권입니다.

  (2) 도심에는 볼거리와 먹을거리, 즐길 거리가 많아요.

  (3) 이번 여행은 당일치기니까 호텔을 예약해야 해요.

  (4) 가을이 되면 설악산에 단풍이 들어서 얼마나 예쁜데요.

  (5) 그곳은 잘 알려진 여행지라서 사람이 별로 없어요.

2 다음 중 문법이나 표현이 어색하게 쓰인 문장이 없는지 친구와 이야기해 보세요.

  (1) 엠마 씨는 한국 음식을 잘 만든대요.

  (2) 카린 씨가 빈 씨를 도와달래요.

  (3) 책이 너무 어려워서 아무리 읽어도 이해할 수 있어요.

  (4) 우리 강아지가 얼마나 먹는데요.

  (5) 어제 아르바이트를 쉰 대신에 주말에 일해야 돼요.

  (6) 마크 씨가 피곤한 걸 보니까 자나 봐요.

  (7) 전주에 가면 맛있는 데가 얼마나 많은데요.

● 아래 그림을 보고 배운 문법과 표현을 사용해서 짧은 이야기를 만들어 보세요.

옛날에 '신데렐라'라는 소녀가 살았대요.

어휘 늘리기

● 다음 단어에 대해 알아보고 친구와 함께 질문에 대답해 보세요.

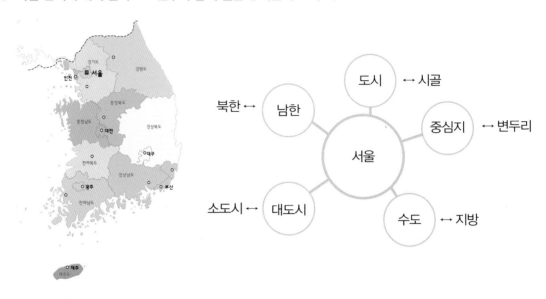

1 ・ 대한민국의 수도는 어디입니까? 지방은 어디를 말합니까?

　　・ 중심지와 변두리는 어디일까요?

　　・ 대도시와 소도시는 무엇이 다릅니까? 또 도시와 시골은 어떻게 다를까요?

길	로
・ 경의선 숲길	・ 종로
・ 가로수길	・ 대학로
・ 경리단길	・ 충무로
・ 꽃길	・ 세종로
・ 바닷길	・ 테헤란로
・ 하늘길	

2 ・ 이런 단어들은 어디에서 볼 수 있습니까?

　　・ 'ㅇㅇ길'과 'ㅇㅇ로'는 어떻게 다를까요?

　　・ 지하철 노선도에 나와 있는 역 이름을 보면서 어떤 곳인지 이야기해 보세요.

● 다음 그림이 나타내는 말을 [보기]에서 찾아보고 그 의미를 생각해 보세요.

[보기]	① 배가 남산만 하다	② 주먹만 하다
	③ 간이 콩알만 하다	④ 월급이 쥐꼬리만 하다

1 [보기]에서 알맞은 말을 찾아 번호를 쓰세요.

(1) 몹시 겁이 많다   (   )

(2) 월급이 매우 적다   (   )

(3) 배가 불러 앞으로 나오다   (   )

(4) 크기가 주먹과 비슷해서 아주 크거나 작다   (   )

2 어떤 말을 쓸 수 있을까요? 빈칸에 알맞은 말을 쓰고 이야기해 보세요.

(1) 가 언니의 ＿＿＿＿＿＿＿＿＿＿＿＿＿＿-(으)ㄴ 걸 보니까 아기가 곧 태어나겠네요!

    나 네, 다음 달에 조카가 태어날 거예요.

(2) 가 우리 강아지는 ＿＿＿＿＿＿＿＿＿＿＿＿＿＿＿＿＿＿＿-(으)ㄴ가 봐.

    나 응, 아주 작은 소리만 들어도 항상 깜짝 놀라.

(3) 가 힘들게 취직했는데 왜 그만두려고 해?

    나 일은 많은데 ＿＿＿＿＿＿＿＿＿＿＿＿＿＿＿＿-아/어서 그만둘까 해.

(4) 가 새로 나온 딸기인데 한번 먹어 봐.

    나 딸기가 왜 이렇게 커? 딸기가 ＿＿＿＿＿＿＿＿＿＿＿＿＿＿-네.

태어나다 · 조카

실전 말하기

(의문사) V-(았/었)는지 알아(요)?

그럼(요). / 글쎄(요).

그럴까(요)?

어디 봐 봐. / 어디 좀 봐(요).

◉ 위에 나온 표현을 생각하면서 대화를 읽어 보세요.

Track 05

> 가 이번 주말에 남산에 갈래?
>
> 나 남산은 자주 갔으니까 남산에 가는 대신에 한강에 가는 게 어때?
>
> 가 그럴까? 그런데 한강에 어떻게 가는지 알아?
>
> 나 그럼. 얼마 전부터 한강에 가고 싶어서 찾아봤거든.
>
> 가 그럼 한강에서 뭘 할 수 있는지 알아?
>
> 나 글쎄. 그건 잘 모르는데…. 인터넷을 한번 찾아보자.
>
> 가 대박! 한강에서도 치킨을 배달 시킬 수 있대.
>
> 나 진짜? 어디 봐 봐. 치킨 먹는 사진이 이렇게 많은 걸 보니까 치킨 시켜 먹는 사람이 진짜
>   많은가 봐.
>
> 가 신난다! 그럼 우리도 가서 치킨 시켜 먹어 보자!

◉ 다음 표현을 사용해서 친구와 짧게 대화해 보세요.

(의문사) V-(았/었)는지 알아(요)?

상대방이 정보를 아는지 물어볼 때

그럼(요).
상대방의 말에 당연히 그렇다고 대답할 때

글쎄(요).
자신의 생각이나 태도에 자신이 없을 때

가: 한강에 **어떻게 가는지 알아?**

나: **글쎄.** 나도 잘 모르는데… 인터넷을 한번 찾아볼까?

가: 첸 씨가 **언제** 대학에 합격했는지 **알아요?**

나: **그럼요.** 저에게 가장 먼저 이야기했는데요.

카린, 집　　　　　　　　　불고기, 만들다　　　　　　　　　?

그럴까(요)?　　상대방의 제안이 좋다고 생각할 때

가: 오늘 수업이 끝나고 같이 한강에 갈래요?

나: **그럴까요?** 그럼 뭐 타고 갈까요?

점심, 짜장면　　　　　　　　　시험, 클럽　　　　　　　　　?

어디 봐 봐.
어디 좀 봐(요).　　진짜인지 확인하고 싶어서 보자고 말할 때

가: 아이돌 A 씨랑 배우 B 씨가 결혼한대.

나: 진짜? **어디 봐 봐.** 어디에서 그런 기사를 봤어?

팬미팅, 사진　　　　　　　　　요리, 다치다　　　　　　　　　?

● 위에서 배운 표현을 사용해 아래 상황에 대해 이야기해 보세요.

- 한강에서 할 수 있는 것을 알고 싶어서 인터넷을 찾아보는 친구와의 대화
- 다음 학기 시작 날짜를 알고 싶어서 선생님께 메시지를 보낸 친구와의 대화
- 연휴에 가면 좋은 여행지를 알고 싶어서 SNS를 찾아본 친구와의 대화

가　한강에서 뭘 할 수 있는지 알아?

나　글쎄, 잘 모르겠는데 인터넷을 한번 찾아볼까?

가　그럴까? 음… 한강에서 치킨을 배달 시킬 수 있대.

나　진짜? 어디 봐 봐. 우리도 가서 치킨 시켜 먹어 보자!

실전 쓰기

1 신문 기사, 논문, 시험 답안 등을 쓸 때에는 '-(ㄴ/는)다'로 써야 합니다.

A-다	V-ㄴ/는다	N(이)다
A/V-았/었다	N이었다/였다	N일 것이다
A/V-(으)ㄹ 것이다	A/V-(으)ㄹ까?	N일까?

(1) 날씨가 더워요. → _____

(2) 한국에 살아요. → _____

(3) 떡볶이가 맛있습니다. → _____

(4) 여기는 서울입니다. → _____

(5) 이것은 의자예요. → _____

(6) 밥을 먹었어요. → _____

(7) 내일 비가 올 거예요. → _____

(8) 어떻게 해야 해요? → _____

2 신문 기사, 논문, 시험 답안 등을 쓸 때에는 말할 때 사용하는 조사와 문법, 줄임말을 쓰면 안 됩니다.

• 근데 → 그런데	• N한테 → N에게	• 엄청, 진짜 → 아주, 정말
• 이게 → 이것이 • 거기 → 그곳	• N(이)랑 N → N과/와 N	• 저, 저희 → 나, 우리

• A/V-(으)니(까)
  → A/V-기 때문에
	• A/V-거든(요)
	  → A/V-기 때문이다
		• V-(으)세요
		  → V-아/어야 하다

(1) 3급이니까 열심히 공부하세요.

→ _____

(2) 이건 카린 씨한테 받은 카드랑 선물이에요. 제 생일이었거든요.

→ _____

(3) 근데 제가 거기에 갔을 때 사람들이 엄청 많아서 진짜 놀랐습니다.

→ _____

3 다음 보기를 글을 쓰는 방법에 맞게 고쳐 써 보세요.

보기

서울은 한국의 수도입니다. 조선 시대부터 수도였어요. 그래서 서울에서는 전통문화랑 현대 문화를 함께 즐길 수 있습니다. 서울에 왔으면 종로에 가 보세요. 종로는 '광화문', '경복궁' 같은 전통문화랑 높은 빌딩, 청계천, DDP 같은 현대 문화를 같이 느끼기에 좋거든요.

'종로'는 광화문 광장에서 동대문까지의 큰길을 말합니다. 거기에 시간을 알리는 종이 있으니까 '종로'라고 불러요. 청계천을 구경하면서 광장 시장도 구경하면 좋아요. 멀리 떨어져 있지 않고 먹을거리도 많거든요. 광장 시장은 청계천의 광교와 장교라고 하는 다리 사이에 있어서 광장 시장이라고 부르기 시작했대요.

_____

_____

_____

_____

◎ 다음은 '원고지 사용법'입니다.

1. 한 칸에 한 글자씩 씁니다.
2. 숫자와 영어 소문자는 한 칸에 두 글자씩 써야 합니다.

3. 글을 처음 시작할 때와 내용이 바뀌어서 다음 줄부터 쓸 때에는 첫 칸에 글자를 쓰지 않습니다.
4. 띄어쓰기를 해야 하는 칸이 다음 줄 첫 칸이 될 때에는 띄어쓰기를 하지 않습니다.

서	울	은		한	국	의		수	도	이	다	.		그	래	서			많	은
사	람	들	이		살	고	있	다	.	…	…									
인	천	은		수	도	권	의		도	시		중	에	서			하	나	로	

	서	울	은		한	국	의		수	도	이	다	.		그	래	서		많	은
사	람	들	이		살	고	있	다	.	…	…									
	인	천	은		수	도	권	의		도	시		중	에	서			하	나	로

5. 마침표(.), 쉼표(,)는 왼쪽 아래에 쓰고 다음 칸은 띄어쓰기를 하지 않습니다.
6. 줄의 마지막 칸에서 문장이 끝날 때에는 마침표(.)를 다음 줄에 쓰지 않고 마지막 칸에 글자와 함께 쓰거나 칸 밖에 씁니다.

CHAPTER

02 유학 생활

2-1 지금처럼 계속 노력한다면 좋은 결과가 있을 거예요

- 유학을 오게 된 이유는 무엇입니까?
- 유학이 여러분의 미래에 어떤 도움이 될 거라고 생각합니까?

문법 1

A-다면 V-ㄴ/는다면

매일 단어 시험이 있다면
어떨 것 같아요?

매일 단어 시험이 있다면
스트레스를 많이 받을 것 같아요.

만약의 사실이나 상황을 가정하여 말할 때 사용한다. 선행절은 가정하는 내용을 쓰는데 보통 불확실하거나 현실과 다른 내용을 쓴다. 그리고 후행절은 앞의 내용에 따라 어떤 행동을 하거나 어떤 상태에 있다는 것을 쓴다.

매일 단어 시험이 **있다면**   스트레스를 많이 받을 것 같아요

↓   ↓

가정한 사실/상황   **앞의 내용에 대한 생각 등**

- 내일 고향에 **간다면** 부모님과 같이 식사를 하고 싶어요.
- 시험이 **쉽다면** 열심히 공부하지 않을 것 같아요.
- 곧 제가 발표할 차례네요. 준비를 많이 **했다면** 괜찮겠지만 그렇지 않아서 걱정이네요.
- 키가 **작았다면** 농구 선수가 되겠다는 꿈을 포기했을 거예요.

N(이)라면

- 내일부터 **방학이라면** 좋겠어요.
- 네가 하고 싶은 **거라면** 한번 해 봐.
- 그 뉴스가 사실이 **아니라면** 발표 자료를 다시 만들어야 할 것 같네요.

연습

● 문장을 만들어 보세요.

(1) 한국 친구가 많다 / 한국어를 자주 사용할 것 같다

→ _____

(2) 매일 운동하다 / 건강해질 것이다

→ _____

(3) 오래 알고 지낸 친구 / 그 친구가 힘들 때 옆에 있어 줘야 하다

→ _____ 선수

활동

1 보기 와 같이 이야기해 보세요.

보기

달에 가다

만약 달에 갈 수 있다면 무엇을 하고 싶어요?

달에서 찍은 사진을 SNS에 올리다

달에 갈 수 있다면 달에서 찍은 사진을 SNS에 올리고 싶어요.

(1) 1년 뒤에 죽다　　　　　　　세계 여행을 하다

(2) 10년 전으로 돌아가다　　　　열심히 공부하다

(3) 돈이 아주 많다　　　　　　(　　　　　　　　　　　)

(4) (　　　　　　　　　　　)　　(　　　　　　　　　　　)

2 보기 와 같이 이야기해 보세요.

보기

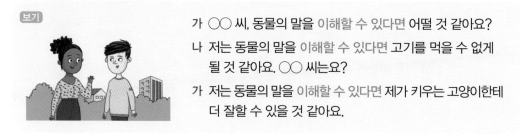

가 ○○ 씨, 동물의 말을 이해할 수 있다면 어떨 것 같아요?

나 저는 동물의 말을 이해할 수 있다면 고기를 먹을 수 없게 될 것 같아요. ○○ 씨는요?

가 저는 동물의 말을 이해할 수 있다면 제가 키우는 고양이한테 더 잘할 수 있을 것 같아요.

(1) 동물의 말을 이해할 수 있다

(2) 미래를 알 수 있다

(3) 인터넷이 없다

(4) 내일부터 매일 4시간씩 운동해야 한다

만약 | 미래

문법 2

새해 계획이 뭐예요?

건강을 지키기 위해서 새해에는 운동을 하려고 해요.

어떤 행동을 하는 목적을 말할 때 사용한다. 선행절에는 목절을 쓰고 후행절에는 그 목적을 이룰 수 있는 행동을 쓴다.

건강을 **지키기 위해서**   운동을 하려고 해요.

↓   ↓

목적/목표   목적을 생각해서 한 행동

- 온라인 수업을 **듣기 위해서** 노트북을 샀다.
- 한국 친구를 **사귀기 위해서는** 한국어부터 열심히 공부해야 해요.
- **유급하지 않기 위해서** 열심히 공부할 거예요.

N을/를 위해(서)

- 부모님은 **나를 위해서** 많은 것을 해 주신다.
- **미래를 위해** 열심히 노력하는 모습이 멋있어요.

연습

● 문장을 만들어 보세요.

(1) 친구를 만나다 / 친구 집 근처에 갔다

→ _____

(2) 한국어 실력을 확인해 보다 / 토픽 시험을 볼 것이다

→ _____

(3) 건강 / 담배를 끊었다

→ _____

1 보기 와 같이 이야기해 보세요.

보기   한국에 대한 영상을 많이 봤다   한국 생활을 잘하다, 영상을 많이 봤다

> 한국에 대한 영상을 많이 봤어요?

> 네, 한국 생활을 잘하기 위해서 영상을 많이 봤어요.

(1) 한국에 오기 전에 아르바이트를 했다   유학을 오다, 돈을 벌었다

(2) 요즘도 듣기 복습을 하고 있다   듣기 실력을 키우다, 교과서 듣기 파일을 매일 듣다

(3) 앞으로도 날마다 운동할 것이다   (   )

(4) (   )   (   )

2 보기 와 같이 이야기해 보세요.

보기

> 방학 때 여행을 가려고 아르바이트를 해요.

가 엠마 씨가 왜 아르바이트를 하는지 알아요?
나 여행을 가기 위해서 아르바이트를 한대요.

(1)
> 장학금을 받으려고 매일 5시간씩 공부해요.

(2)
> 한국어를 잘하고 싶어서 날마다 단어를 외워요.

(3)
> 혼자서도 잘 지내야 하니까 요리를 배웠어요.

(4)

-씩 | 날마다

50

대화

● 대화를 듣고 따라 읽어 보세요.

첸   요즘 엠마 씨가 바쁜 것 같네요.

파티마   지난주부터 아르바이트를 시작했다고 들었어요.

첸   아르바이트요? 장학금도 받았는데 아르바이트까지 해요?

파티마   한국 요리 학원에 다니기 위해서 돈을 모으고 있대요.

첸   대단하네요. 제가 장학금을 받았다면 쇼핑하는 데 썼을 것 같아요.

파티마   저도 장학금을 받았다면 노는 데 썼을 거예요.
미래를 위해서 노력하는 엠마 씨를 보면서 저도 열심히 해야겠다고
생각했어요.

첸   그렇네요. 저도 한국에서 있는 동안 할 수 있는 걸 좀 더 알아봐야겠어요.

대단하다 | 알아보다

어휘와 표현

1 다음 단어에 대해 알아보고 빈칸에 알맞은 말을 쓰세요.

관심 분야	운동, 요리, 외국어 공부 등		
시험	시험 일정을 알아보다 시험을 접수하다 시험을 보다	시험 문제를 풀다 실기 시험을 보다 시험장이 멀다/가깝다	전문가 ↑ 초보자
자격증	자격증을 따다		

> 유학 생활을 하면 (1) _____이/가 다른 친구를 만날 수 있는데 나는 자기가 좋아하는 분야에 대한 이야기를 (2) _____처럼 하는 친구들이 멋있어 보였다. 나도 커피를 좋아하지만 친구들처럼 이야기하지는 못했다. 그래서 커피에 대해서 공부도 하고 커피 (3) _____-고 싶어서 찾아봤는데 바리스타 자격증이 있었다. 바리스타 자격증 시험은 누구나 볼 수 있고 시험도 별로 어렵지 않다고 했다. (4) _____-(으)니까 한 달 뒤에 시험이 있어서 (5) _____-았/었다. 오늘 시험을 봤는데 (6) _____인 나에게는 (7) _____-(으)ㄹ 시간이 부족했다. (8) _____-아/어서 가는 게 힘들었는데 시험 결과도 좋지 않을 것 같아서 기분이 별로 좋지 않다. 내일은 학원을 알아보려고 한다. (9) _____-기 전에만 학원에 다니면 된다고 생각했는데 내가 자격증 시험을 너무 쉽게 생각한 것 같다. 바리스타 자격증을 따는 것을 목표로 더 열심히 노력하기로 결심했다.

오늘의 표현

어떻게 V-아/어야 할지 모르겠다 방법을 알 수 없을 때

- 시험을 접수하고 싶은데 **어떻게 해야 할지 모르겠어요.**
- 한국어를 잘하고 싶은데 **어떻게 공부해야 할지 모르겠어요.**

누구나 | 목표 | 결심하다

듣고 말하기 1

◉ 여러분은 한국에서 토픽 시험을 본 적이 있습니까? 토픽 시험을 보려면 어떻게 해야 합니까?

1 다음을 잘 듣고 대답해 보세요.

Track 07

(1) 토픽 시험 접수 방법을 잘 모를 때 어떻게 하면 됩니까?

(2) 학생들이 원하는 곳에서 시험을 보기 어려운 이유는 무엇입니까?

(3) 시험을 접수해 본 경험에 대해 이야기해 보세요.

따라서

듣고 말하기 2

1 다음을 잘 듣고 질문에 답하세요.

Track 08

(1) 친구들은 요즘 어떤 영상을 자주 봅니까? 그 이유는 무엇입니까?

	자주 보는 영상	그 영상을 자주 보는 이유
카린		
첸		

(2) 카린이 아쉽다고 말한 이유는 무엇입니까?

(3) 첸은 왜 외국인도 한국에서 자격증을 딸 수 있다고 생각했습니까?

(4) 자격증 시험을 공부하면 좋은 점은 무엇입니까?

2 여러분의 생각을 이야기해 보세요.

(1) 여러분이 요즘 관심을 가지고 있는 분야는 무엇입니까?

(2) 자격증 공부를 해 본 경험이 있으면 이야기해 보세요. 관심이 있는 자격증에 대해서도 이야기해 보세요.

(3) 미래를 위해서 가지고 있으면 좋다고 생각하는 자격증이 있습니까?

● 여러분이 알고 있는 자격증에 대해 친구와 이야기해 보세요.

① 여러분 나라에서 운전면허를 따려면 어떻게 해야 합니까? 한국과 비교해서 이야기해 보세요.

한국	우리 나라
• 18세 이상인 사람만 시험을 볼 수 있어서 고등학교를 졸업하고 따는 경우가 많다. • 운전면허 시험장에서 시험을 본다. • 시험 비용은 10만 원 정도인데 보통 학원에서 배우기 때문에 비용이 30만 원 이상 든다. • 술을 많이 마시고 운전하면 운전면허가 취소될 수도 있다.	• • • •

② 여러분이 관심 있는 자격증에 대해 알아보고 소개해 보세요.

_____ 자격증

• 누구나 딸 수 있습니까? 이 자격증은 따기 쉬운 편입니까?

• 어떤 시험을 봐야 합니까?

• 이 자격증이 있으면 무엇을 할 수 있습니까?

네일 아트 │ 제대로 │ 운전면허 │ 기능사 │ 비용

- 한국인들은 쉴 때 어떤 활동을 많이 할까요?
- 여러분은 쉬는 날 보통 무엇을 하면서 보냅니까?

문법 1

A/V-더라고(요)

제주도는 잘 다녀왔어요?

네, 잘 다녀왔어요. 바다가 정말 아름답더라고요.

말하는 사람이 과거에 직접 보거나 듣거나 느껴서 알게 된 것을 다른 사람에게 전달할 때 사용한다.

제주도에 가 봤는데 바다가 정말 **아름답더라고요.**

↓

직접 보고 새로 알게 된 사실

- 가 영화는 어땠어요?
  나 좀 슬펐어요. 제 친구도 영화를 보면서 **울더라고요.**
- 첸 씨가 주말에 박물관에 **가자고 하더라고요.**
- 저는 이 음악만 들으면 **슬퍼지더라고요.**
- 이번 주 토요일이 첸 씨 **생일이더라고요.**
- 아침에 창문을 열어 보니까 밖에 눈이 많이 **왔더라고요.**

연습

● 문장을 만들어 보세요.

(1) 한강에 가 보다 / 야경이 멋있다

  → _____

(2) 마크 씨와 이야기해 보다 / 한국어를 잘하다

  → _____

(3) 커피를 마시다 / 잠이 안 오다

  → _____

1 [보기]와 같이 이야기해 보세요.

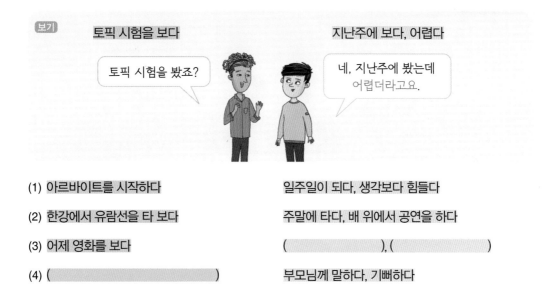

[보기]

토픽 시험을 보다   지난주에 보다, 어렵다

토픽 시험을 봤죠?

네, 지난주에 봤는데 어렵더라고요.

(1) 아르바이트를 시작하다   일주일이 되다, 생각보다 힘들다

(2) 한강에서 유람선을 타 보다   주말에 타다, 배 위에서 공연을 하다

(3) 어제 영화를 보다   (   ), (   )

(4) (   )   부모님께 말하다, 기쁘다

2 한국에 와서 처음 경험해 본 것들에 대해서 [보기]와 같이 이야기해 보세요.

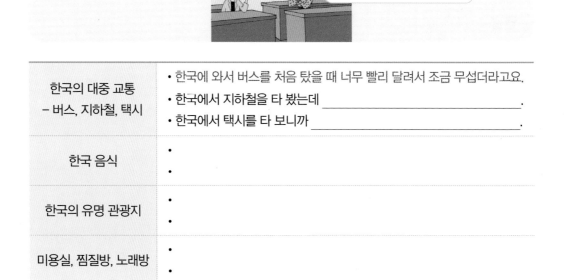

[보기]

한국에 와서 대중교통을 이용해 보니 편리하더라고요.

저는 한국에 와서 버스를 처음 탔을 때 너무 빨리 달려서 조금 무섭더라고요.

한국의 대중 교통 – 버스, 지하철, 택시	• 한국에 와서 버스를 처음 탔을 때 너무 빨리 달려서 조금 무섭더라고요. • 한국에서 지하철을 타 봤는데 _____. • 한국에서 택시를 타 보니까 _____.
한국 음식	• •
한국의 유명 관광지	• •
미용실, 찜질방, 노래방	• •

문법 2

A/V-(으)ㄹ 수밖에 없다

택시를 타려고요?

네, 약속 시간에 늦어서
택시를 탈 수밖에 없어요.

특정 상황에서 다른 선택을 할 수 없어 그것만을 해야 한다거나 상황을 고려하면 그런 결과가 당연할 때 사용한다.

약속 시간에 늦어서	택시를 탈 수밖에 없어요.
↓	↓
상황(이유, 조건)	유일한 방법

· 교과서는 비싸도 **살 수밖에 없어요.**

· 자리가 없으면 **기다릴 수밖에 없겠네요.**

· 가 첸 씨가 이번에 장학금을 받았대요.
  나 열심히 공부하니까 **성적이 좋을 수밖에 없지요.**

연습

◉ 문장을 만들어 보세요.

(1) 집에 밥이 없다 / 라면을 먹다

→ _____

(2) 휴대폰을 잃어버리다 / 새로 사다

→ _____

(3) 게임을 많이 하다 / 눈이 나빠지다

→ _____

1 보기 와 같이 이야기해 보세요.

보기　마크 씨는 이가 아픈데 병원에 안 가다　　　아프다, 가기 싫어하다

(1) 수박이 하나에 2만 원이다　　　　　　올해 비가 많이 왔다, 과일이 비싸다

(2) 첸 씨는 방학에 서울에 있을 것이다　　　강아지를 키우다, 고향에 못 가다

(3) 레나 씨는 고기 대신 두부를 먹다　　　　(　　　　　　　), (　　　　　　　)

(4) (　　　　　　　　　　　　)　　　　날씨가 따뜻하다, 눈이 안 오다

2 다음 상황에 대해 알맞은 이유를 보기 와 같이 이야기해 보세요.

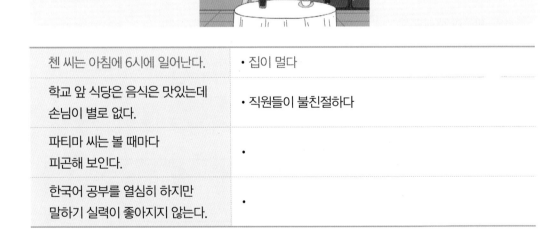

첸 씨는 아침에 6시에 일어난다.	• 집이 멀다
학교 앞 식당은 음식은 맛있는데 손님이 별로 없다.	• 직원들이 불친절하다
파티마 씨는 볼 때마다 피곤해 보인다.	•
한국어 공부를 열심히 하지만 말하기 실력이 좋아지지 않는다.	•

대화

● 대화를 듣고 따라 읽어 보세요.

Track 09

빈   카린 씨, 어제 왜 학교에 안 왔어요? 혹시 어디가 아팠어요?

카린   아니요, 아픈 건 아니고 좀 피곤해서 그냥 집에서 쉬었어요.

빈   요즘도 수업 끝나고 춤 연습을 하러 가지요?
     매일 그렇게 연습하니까 피곤할 수밖에 없죠.

카린   네, 그래서 이번 공연이 끝나면 조금 쉬려고요.
     참, 빈 씨도 우리 공연 보러 올 거죠?

빈   그럼요. 지난번에 제가 연습실에 구경 갔었는데 카린 씨가 춤 추는 걸
     보니까 정말 멋있더라고요. 실례가 안 된다면 공연하는 걸 촬영해서
     제 방송에서 소개하고 싶어요.

카린   정말요? 그럼 저는 좋죠. 빈 씨 방송이 얼마나 인기가 많은데요.
     빨리 친구들한테도 알려 줘야겠어요.

어휘와 표현

1 다음 단어에 대해 알아보고 빈칸에 알맞은 말을 쓰세요.

참여하다   응원하다   관람하다   감상하다   즐기다   시청하다

(1) 우리 나라를 (   )   (2) 영화를 (   )   (3) 작품을 (   )

(4) 뉴스를 (   )   (5) 봉사 활동에 (   )   (6) 공연을 (   )

2 다음 단어와 의미가 맞는 것을 연결하세요.

(1) 여가 •
여가를 즐기다

(2) 혜택 •
혜택을 받다

(3) 마음껏 •
마음껏 놀다

(4) 지루하다 •
영화가 지루하다

(5) 활용하다 •
제도를 활용하다

(6) 제공하다 •
식사를 제공하다

• ㉮ 어떤 것을 충분히 잘 이용하다

• ㉯ 원하는 것을 충분히

• ㉰ 어떤 것(물건이나 서비스)을 주다

• ㉱ 일을 하고 남은 자유 시간

• ㉲ 시간이 오래 걸리거나 같은 상태가 계속돼서 싫다

• ㉳ 이익이 되는 도움

오늘의 표현

V-(으)면 곤란하다 금지[V-(으)면 안 되다]를 부드럽게 표현할 때
V-기(가) 곤란하다 불가능[V-(으)ㄹ 수 없다, V-기(가) 어렵다]을 부드럽게 표현할 때

• 작품을 관람하실 때 사진을 **찍으시면 곤란합니다.**
• 죄송하지만 이번 봉사 활동에는 **참여하기가 곤란할** 것 같아요.

봉사 활동 | 곤란하다

읽고 말하기 1

● 다음은 여가를 즐기는 다양한 활동입니다. 여러분은 어떻게 여가를 보내고 있습니까?

1 다음을 읽고 대답해 보세요.

여가는 일을 하고 남은 시간 중에서 잠을 자거나 밥을 먹는 등의 필수 시간을 뺀 나머지 자유 시간을 말한다. 다시 말해 회사 일, 집안일, 수업 등 반드시 해야 하는 일 이외에 취미, 휴식, 스포츠 활동 등에 자유롭게 이용할 수 있는 시간이다. 따라서 대부분의 사람들에게 여가는 있으며 그 시간을 어떻게 보내는지는 사람마다 다를 수 있다.

최근 조사를 살펴보면 여가 활동은 대부분 '개인의 즐거움을 위해', '휴식을 위해', '스트레스를 풀기 위해' 하는 것으로 나타났는데, 다양한 취미 활동 중에서 개인의 목적에 맞게 선택해서 여가를 즐기는 것을 알 수 있다.

(1) '여가'란 무엇입니까?

(2) 사람들은 어떤 목적으로 여가 활동을 하고 있습니까?

(3) 여러분은 여가 활동이 우리 생활에 꼭 필요하다고 생각합니까? 그렇다면 그 이유는 무엇입니까?

필수 ｜ 나머지 ｜ 자유롭다 ｜ 조사 ｜ 살펴보다 ｜ 목적

읽고 말하기 2

● 다음은 파비우 씨가 '문화가 있는 날'을 소개한 글입니다.

저는 한국에서 유학하는 동안 해 보고 싶은 것이 몇 가지 있는데 그중에서 가장 해 보고 싶은 것은 스포츠 경기 관람입니다. 그런데 지난주에 한국 친구가 야구장에 가자고 해서 처음으로 야구장에 가 봤습니다. 제가 야구는 잘 몰라서 걱정을 하니까 한국 친구는 한국의 응원 문화가 특별하기 때문에 야구에 대해 잘 몰라도 재미있을 거라고 했습니다. 또 세 시간 이상 경기를 한다고 해서 지루하지 않을까 걱정했는데 친구의 말처럼 시간이 어떻게 지났는지 모를 정도로 재미있었습니다. 그런데 더 놀란 것은 생각보다 싼 티켓 가격이었습니다. 친구에게 물어보니까 한국에는 '문화가 있는 날'이라는 것이 있는데 그날은 다양한 문화 시설을 무료 또는 할인된 가격으로 즐길 수 있다고 했습니다. 저 같은 유학생들은 경제적인 부담 때문에 문화 생활을 마음껏 즐기기가 어려운데 이런 제도를 잘 활용하면 좋겠다는 생각이 들어서 '문화가 있는 날'에 대해 알아봤습니다.

'문화가 있는 날'은 매달 마지막 주 수요일로 영화관, 공연장, 박물관, 미술관, 문화재, 스포츠 시설 등 전국 2,000개 이상의 문화 시설에서 다양한 문화 혜택을 제공하는 날입니다. 여가 시간이 늘면서 한국에서도 문화 생활에 대한 사람들의 관심이 높아졌지만 경제적인 부담 때문에 문화 생활을 자주 즐기지 못하고 대신 TV를 시청하면서 여가를 보내는 경우가 많았습니다. 그래서 많은 사람들에게 다양한 문화 생활을 즐길 수 있는 기회를 주기 위해 2014년에 '문화가 있는 날'이 만들어졌다고 합니다.

문화 시설마다 제공하는 혜택이 다르기 때문에 '문화가 있는 날' 공식 홈페이지나 블로그에서 미리 정보를 찾아보는 것이 좋습니다. 저도 앞으로 '문화가 있는 날'에 영화도 보고 비싸서 자주 볼 수 없었던 공연도 보려고 합니다. 다른 친구들한테도 '문화가 있는 날'에 대해 빨리 알려 주고 싶습니다.

가지 │ 경기 │ 경제적 │ 제도 │ 문화재 │ 늘다 │ 경우 │ 기회 │ 블로그

1 질문에 답하세요.

(1) 파비우가 유학 생활 중 가장 해 보고 싶어 하는 것은 무엇입니까?

(2) 야구 관람을 하기 전에 무엇을 걱정했습니까? 그 걱정에 대해 친구는 뭐라고 답했습니까?

(3) 야구 관람을 한 후에 놀랐던 점은 무엇입니까?

(4) '문화가 있는 날'에 대해 이야기해 보세요.
- '문화가 있는 날'이란?
- '문화가 있는 날'을 만든 목적

2 여러분의 생각을 이야기해 보세요.

(1) 현재 여러분의 여가 활동에 만족합니까? 만족하지 못한다면 그 이유는 무엇입니까?

(2) 여러분은 앞으로 어떻게 여가를 보내고 싶습니까? 여러분이 원하는 여가 활동에 대해 이야기해 보세요.

(3) '문화가 있는 날'에 제공되는 혜택에는 어떤 것들이 있습니까? '문화가 있는 날' 블로그, 홈페이지에서 찾아서 소개해 보세요.

영화관	영화 할인 매월 마지막 수요일 오후 5시부터 9시까지 하는 모든 영화를 싸게 볼 수 있다.
도서관	

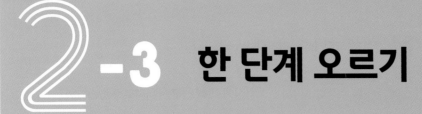

한 단계 오르기

생각해 봅시다

⊙ 다음 어휘와 문법 중 잘 이해하고 있는 것에 표시(✓)하세요.

- ☐ 자격증
- ☐ 혜택
- ☐ 기회
- ☐ 마음껏
- ☐ 제대로
- ☐ 결심하다
- ☐ 접수하다
- ☐ 지루하다
- ☐ 즐기다
- ☐ 활용하다
- ☐ 제공하다
- ☐ 적응하다

- ☐ 돈이 **많다면** 세계 여행을 하고 싶다.
- ☐ 꿈을 **이루기 위해서** 더 열심히 공부할 생각이다.
- ☐ 한국 친구를 사귀고 싶은데 **어떻게 해야 할지 모르겠어요.**
- ☐ 도서관에 가 보니까 시험 기간이라서 사람이 **많더라고요.**
- ☐ 좋은 성적을 받으려면 열심히 **공부할 수밖에 없어요.**
- ☐ 급한 일이 생겨서 이번 모임에 **참석하기가 곤란해요.**

⊙ 아래의 문장을 보고 보기 와 같이 이야기해 보세요.

이 카드는 혜택이 많아서 불편해요.

보기

저는 이 문장은 좀 어색한 것 같아요. '혜택'은 좋은 뜻인데 많아서 불편하다고 할 수 있을까요?

저도 그렇게 생각해요. 그래서 '혜택이 많아서 불편해요'라고 하면 의미가 맞지 않는 것 같아요.

1 다음 중 단어가 어색하게 쓰인 문장이 없는지 친구와 이야기해 보세요.

(1) 한국어를 잘하면 한국에서 일할 정도가 생길 수 있다.

(2) 문제를 접수하고 시험 준비를 하기 시작했다.

(3) 자격증 시험을 보기 전에 이미 자격증을 딴 친구를 만나 보려고 한다.

(4) 대학을 졸업하면 할 수 있는 것이 많아져서 지루하다.

(5) 한국민속촌은 관람객들에게 다양한 볼거리를 제공하는 것으로 유명하다.

2 다음 중 문법이나 표현이 어색하게 쓰인 문장이 없는지 친구와 이야기해 보세요.

(1) 단어를 외우기 위해서는 한국어를 잘해야 합니다.

(2) 남자/여자 친구가 생긴다면 주말마다 데이트를 할 거예요.

(3) 여름이 된다면 더워질 거예요.

(4) 저는 이 음악을 들으면 항상 기분이 좋더라고요.

(5) 친구에게 꽃을 선물 받으니까 제가 정말 좋아하더라고요.

(6) 아무리 운동을 좋아해도 여기에서 운동을 하면 곤란해요.

(7) 시험 성적이 걱정되지 않으니까 단어를 열심히 외울 수밖에 없어요.

● 아래 그림을 보고 배운 문법과 표현을 사용해서 짧은 이야기를 만들어 보세요.

나는 한국어를 배우고 있는데 한국어는 문법이 복잡해서 가끔 힘들다.

어휘 늘리기

● 다음 단어에 대해 알아보고 친구와 함께 질문에 대답해 보세요.

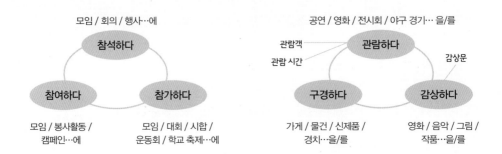

- 회의에 참석해 본 적이 있습니까? 어떤 회의였습니까?
- 말하기 대회 같은 대회에 참가한 적이 있습니까? 그 대회에 왜 참가했습니까?
- 봉사활동에 참여한 적이 있습니까? 봉사활동을 하면서 무엇을 느꼈습니까?
- 최근 관람한 영화는 어떤 영화였습니까? 친구들에게 추천하고 싶습니까?
- 한국에서 어떤 가게에 가 봤습니까? 구경할 것이 많은 가게가 있었습니까?
- 그림 감상을 좋아합니까? 왜 좋아합니까?

● 사람들이 무엇을 하고 있습니까? 아래 사진을 보고 이야기해 보세요.

● 다음 그림이 나타내는 말을 보기에서 찾아보고 그 의미를 생각해 보세요.

보기   ① 강 건너 불 구경   ② 그림의 떡

      ③ 꿈에 나오다   ④ 꿈에도 생각하지 못하다

1 보기에서 알맞은 말을 찾아 번호를 쓰세요.

(1) 마음에 들어도 쉽게 가질 수 없는 것   (   )

(2) 나와 관계 없는 일이라고 생각해서 관심이 없는 것   (   )

(3) 전혀 생각하지 못하다   (   )

(4) 꿈에서 나타나다   (   )

2 어떤 말을 쓸 수 있을까요? 빈칸에 알맞은 말을 쓰고 이야기해 보세요.

(1) 가 왜 그렇게 기분이 좋아 보여?

    나 어젯밤에 돼지가 ＿＿＿＿＿＿＿＿＿＿＿＿＿＿＿－았/었는데 한국에서는 그게 좋은 꿈이래.

(2) 가 나도 한강이 보이는 아파트에서 살고 싶어.

    나 그런 아파트는 ＿＿＿＿＿＿＿＿＿＿＿＿＿＿＿(이)야. 얼마나 비싼데.

(3) 가 같이 청소하기로 했는데 왜 안 해? ＿＿＿＿＿＿＿＿＿＿＿＿＿ 하지 말고 좀 도와줘.

    나 싫어. 지금까지 내가 했으니까 남은 일은 네가 해.

(4) 가 올가 씨, 수료 축하해요.

    나 감사합니다. 3급이 어려워서 수료할 수 있을 거라고는 ＿＿＿＿＿＿＿＿＿＿＿＿＿＿＿－았/었어요.

실전 말하기

V-았/었어야 했는데/됐는데	있잖아(요)
	할 수 없지(요), 뭐.
	그렇군요. / 그렇구나.

● 위에 나온 표현을 생각하면서 대화를 읽어 보세요.

Track 10

> 가　있잖아, 토요일에 갑자기 일이 생겨서 카린 씨 전시회에 같이 가기 곤란할 것 같은데 어떡하지?
>
> 나　아, 그래? 일이 있으면 할 수 없지, 뭐.
>
> 가　미안해. 더 빨리 말했어야 했는데…. 혹시 일요일은 시간 돼? 일요일에 같이 가자.
>
> 나　나는 괜찮은데 전시회가 토요일에 끝난다고 하더라고. 그날 갈 수밖에 없을 것 같아.
>
> 가　그렇구나. 그럼 미안한데 대신 내 안부도 좀 전해 줘. 정말 미안해한다고.
>
> 나　응, 그렇게.

● 다음 표현을 사용해서 친구와 짧게 대화해 보세요.

V-았/었어야 했는데/됐는데	과거의 행동을 후회하면서 말할 때

> 가: 그거 알아? 어제 우리 학교에서 영화를 찍었대.
>
> 나: 진짜? 내가 봤어야 했는데…. 무슨 영화를 찍었는지 알아?

엠마가 고향에 돌아가기로 하다	콘서트 표가 벌써 매진 되다	?

있잖아(요)	상대방에게 하기 어려운 말을 시작할 때

가: **있잖아**, 나 사실 좋아하는 사람이 생겼어.
나: 정말? 누군데?

그만 만나다	돈을 빌려주다	?

할 수 없지, 뭐.	상대방의 부정적인 제안이나 답변을 받아들일 때

가: 우리가 너무 늦게 왔나 봐. 표가 없대. 어떡하지?
나: 그럼 **할 수 없지, 뭐.** 그냥 다른 영화 보자.

미술관이 쉬는 날이다	비가 와서 한강에서 놀기가 곤란하다	?

그렇군요. / 그렇구나.	상대방의 말을 듣고 새로운 사실을 알게 됐을 때

가: 한국어를 정말 잘하시네요.
나: 어머니가 한국 사람이시거든요.
가: 아, **그렇군요!**

고기를 안 먹다	오늘은 영화표가 싸다	?

● **위에서 배운 표현을 사용해 아래 상황에 대해 이야기해 보세요.**

- 토요일에 전시회에 가기로 했는데 일이 생겨서 못 간다는 친구와의 대화
- 식당에 도착했는데 자기가 예약을 안 해서 자리가 없다는 친구와의 대화
- 빌려준 우산을 잃어버려서 미안해하는 친구와의 대화

가 있잖아, 토요일에 갑자기 일이 생겨서 전시회에 같이 못 갈 것 같은데 어떡하지?
나 일이 있으면 할 수 없지, 뭐.
가 미안해. 더 빨리 말했어야 했는데. 일요일에 같이 가자.
나 전시회가 토요일에 끝나서 그날 갈 수밖에 없을 것 같아.
가 그렇구나.

안부 ┊ 전하다

실전 쓰기

글쓰기 기초 2

1 조사를 반드시 쓰기

◉ 신문 기사, 논문, 시험 답안 등을 쓸 때에는 조사를 생략하면 안 됩니다.

> • 구어 – 나 밥 안 먹었어.
> • 문어 – 나는 밥을 안 먹었다.

(1) 부모님은 힘들어도 자식들 행복 위해서 열심히 일하세요.

  ↳ 부모님은 힘들어도 자식들(   ) 행복(   ) 위해서 열심히 (   ).

(2) 책 빌리러 도서관 가다가 친구 만났어.

  ↳ 책(   ) 빌리러 도서관(   ) 가다가 친구(   ) (   ).

(3) 친구 생일 선물 주려고 옷 샀는데 안 어울릴 것 같아서 걱정이야.

  ↳ 친구(   ) 생일 선물(   ) 주려고 옷(   ) 샀는데 안 어울릴 것 같아서 (   ).

2 주어와 서술어를 맞춰 쓰기

> • 내 **꿈은** 의사가 되어 아픈 사람들에게 도움을 주고 싶다.
> **주는 것이다**
> • 음식이 짠 **이유는** 소금을 많이 넣었다.
> **넣었기 때문이다**
> • 한국어를 잘 하려면 책과 텔레비전을 열심히 시청해야 한다.
> **책을 읽고**

(1) 내가 가장 해 보고 싶은 것은 스포츠 경기를 관람한다.

  ↳ 내가 가장 해 보고 싶은 것은 스포츠 경기를 (   ).

(2) 지상으로 다니는 열차를 전철이라고 부르는 이유는 전기로 다니는 열차를 모두 전철이라고 부른다.

  ↳ 지상으로 다니는 열차를 전철이라고 부르는 이유는 전기로 다니는 열차를 모두 전철이라고

   (   ).

(3) 한국인들은 주로 텔레비전과 영화를 관람하면서 여가를 보낸다.

  ↳ 한국인들은 주로 텔레비전을 (   ) 영화를 관람하면서 여가를 보낸다.

3 내용에 맞는 시제 쓰기

- 지난주에 시험을 본다.
  봤다
- 요즘 비가 많이 올 것이다.
  온다

(1) 주문하시는 음식이 나왔습니다.
  └→ (　　　　　　　) 음식이 나왔습니다.

(2) 내년 3월에 대학교에 입학했다.
  └→ 내년 3월에 대학교에 (　　　　　　　　　　).

(3) 친구의 책을 잃어버리는 대신에 새 책을 사 줬다.
  └→ 친구의 책을 (　　　　　　) 대신에 새 책을 사 줬다.

주제 소개하기

● 조사 '은/는'을 사용하여 글의 주제를 소개할 수 있습니다.

- 화성은 성곽이다.
  화성은 조선 시대에 지은 **성곽이다.**
  화성은 유네스코 세계 문화유산으로 **조선 시대에 지은 성곽이다.**

(1) 여가는 자유 시간이다.
  여가는 ＿＿＿＿＿＿＿＿＿＿＿＿＿＿＿＿＿＿ 자유 시간이다.
  (일을 하고 남은 시간 중에서 필수 시간을 빼다)

(2) TV 시청은 여가 활동이다.
  TV 시청은 ＿＿＿＿＿＿＿＿＿＿＿＿＿＿＿ 여가 활동이다.
  (한국 사람들이 가장 많이 하다)

(3) '문화가 있는 날'은 다양한 문화 혜택을 제공하는 날이다.
  '문화가 있는 날'은 ＿＿＿＿＿＿＿＿＿＿＿＿＿＿ 다양한 문화 혜택을 제공하는 날이다.
  (매달 마지막 주 수요일)

CHAPTER

03 여행

- 여행을 좋아합니까? 여행의 장점은 뭐라고 생각합니까?
- 혼자 하는 여행에 대해 어떻게 생각합니까? 가장 최근에 한 여행은 어땠습니까?

문법 1

A/V-(으)ㄹ 뿐(만) 아니라

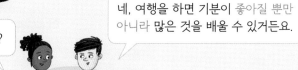

여행을 좋아해요?

네, 여행을 하면 기분이 좋아질 뿐만 아니라 많은 것을 배울 수 있거든요.

선행절의 내용만 있는 것이 아니라 후행절의 내용도 있다고 강조하고 싶을 때 사용한다.

기분이 **좋아질 뿐만 아니라**	많은 것을 배울 수 있다.
↓	↓
사실	추가하고 싶은 사실

- 매일 수업을 열심히 **들을 뿐만 아니라** 토픽 시험도 준비하고 있다.
- 이 집은 학교에서 **가까울 뿐 아니라** 월세가 싸요.
- 늦잠을 **잤을 뿐만 아니라** 길이 막혀서 많이 늦었다.
- 국립중앙박물관은 **무료일 뿐만 아니라** 구경할 것이 많아요.

N뿐(만) 아니라
- **한국 학생뿐만 아니라** 유학생들도 할인을 받을 수 있다.

연습

● 문장을 만들어 보세요.

(1) 한국은 여름에 날씨가 덥다 / 비도 자주 오다

→ _____

(2) 내 친구는 음식을 잘 만들다 / 맛집을 많이 알다

→ _____

(3) 지갑을 잃어버렸다 / 휴대폰이 고장 나서 연락을 못 했다

→ _____

(4) 이 영화는 한국에서 인기가 많다 / 외국에서도 인기가 많다

→ _____

1 보기 와 같이 이야기해 보세요.

보기   여행책   이 책, 명소와 맛집이 잘 정리되어 있다, 가볍다

여행책 좀 추천해 주세요.

이 책 어때요?
명소와 맛집이 잘 정리되어
있을 뿐만 아니라 가볍거든요.

(1) 한국 음식   불고기, 맵지 않다, 만들기 쉽다

(2) 여가 활동   등산, 경치를 구경할 수 있다, 건강에 좋다

(3) 쇼핑하기 좋은 곳   (   ), 값이 싸다, (   )

(4) 여행지   (   ), (   ), (   )

2 친구가 말한 우리 반 친구는 누구입니까? 친구의 설명을 듣고 보기 와 같이 누구인지 말해 보세요.

보기

이 사람은 노래를 잘 부를
뿐만 아니라 춤도 잘 춰요.

그 사람이 카린 씨 맞지요?

친구의 특징		친구의 이름
노래를 잘 부르다	춤을 잘 추다	카린
한국어를 배우는 학생이다	회사원이다	파티마

특징

문법 2

A/V-(으)ㄹ 텐데

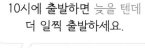

10시쯤 출발하려고 해요.

10시에 출발하면 늦을 텐데 더 일찍 출발하세요.

선행절에는 추측한 상황을 후행절에는 그 상황과 관계가 있는 내용(반대의 상황이나 질문, 제안)을 말할 때 사용한다.

10시에 출발하면 **늦을 텐데**	더 일찍 출발하세요.
↓	↓
상황 추측	앞에서 추측한 것과 반대 관계 있는 질문, 제안

- 비가 **올 텐데** 나가지 맙시다.
- **바쁘실 텐데** 와 주셔서 감사합니다.
- 파비우 씨가 집에 **도착했을 텐데** 연락이 없다.
- 내일이 아마 빈 씨 **생일일 텐데** 선물을 준비했어요?

연습

● 문장을 만들어 보세요.

(1) 저녁에는 날씨가 춥다 / 옷을 가지고 가다

→ _____

(2) 파티마 씨는 회사 일이 힘들다 / 항상 괜찮다고 하다

→ _____

(3) 연휴라서 비행기표가 다 팔렸다 / 어떻게 하면 좋다

→ _____

1 보기와 같이 이야기해 보세요.

보기   이번 방학에 배를 타고 제주도로 여행을 가고 싶다   오래 걸리다, 비행기를 타고 가다

이번 방학에 배를 타고 제주도로 여행을 가고 싶어.

오래 걸릴 텐데 비행기를 타고 가는 게 어때?

(1) 은행에 가야 하다   문을 닫았다, 내일 가다

(2) 어제 혼자 이사했다   힘들다, 오늘은 푹 쉬다

(3) 룸메이트 몰래 친구를 집에 데리고 가려고 하다   기분 나빠하다, (   )

(4) 친구가 시험에서 떨어졌다고 하다   (   ), (   )

2 친구의 상황을 추측해서 보기와 같이 이야기해 보세요.

보기

파티마 씨, 음식이 매울 텐데 잘 먹네요.

네, 매운 음식을 좋아하거든요.

추측	예상과 반대	이유
음식이 맵다	잘 먹다	매운 음식을 좋아하다
집이 멀어서 학교에 일찍 오기 힘들다	항상 일찍 오다	자전거를 타고 오다

몰래 ┃ 데리고 가다

대화

● 대화를 듣고 따라 읽어 보세요.

빈　　파티마 씨, 이번 방학에 뭘 할 계획이에요?

파티마　요즘 회사가 많이 바빠서 휴가를 갈 수 없을 것 같아요.
　　　　방학에 여행을 가고 싶었는데 아쉬워요.

빈　　파티마 씨는 여행을 좋아해요?

파티마　네, 여행을 하면 기분이 좋아질 뿐만 아니라 많은 것을 배울 수 있거든요.

빈　　그럼 여행을 하면서 배운 것 하나만 가르쳐 주세요.

파티마　여행지에 대해 미리 알고 가면 여행을 더 즐길 수 있는 것 같아요.

빈　　아! 그렇군요. 저도 이번 방학에 경주에 가려고 하는데,
　　　　가기 전에 공부를 좀 해야겠어요.

파티마　여름에 경주에 가면 조금 더울 텐데 괜찮겠어요?

빈　　그럼요. 우리나라가 한국보다 더 덥거든요. 걱정하지 마세요.

어휘와 표현

1 다음 단어에 대해 알아보고 빈칸에 알맞은 말을 쓰세요.

편도	왕복	국내 여행	해외여행	짐을 싸다	짐을 풀다

(1) (　　　　) ↔ (　　　　)　　(2) (　　　　) ↔ (　　　　)　　(3) (　　　　) ↔ (　　　　)

2 다음 단어와 의미가 맞는 것을 연결하세요.

(1) 비용　　　　　　　　　　•　　　　　　•　㉮ 마음에 강하게 남는 것
　　유학 비용

(2) 묵다　　　　　　　　　　•　　　　　　•　㉯ 계획이나 일정을 세우다
　　숙소에 묵다

(3) 인상적　　　　　　　　　•　　　　　　•　㉰ 어떤 일을 할 때 필요한 돈
　　인상적인 작품

(4) 짜다　　　　　　　　　　•　　　　　　•　㉱ 다른 방법이 없어 이렇게 해야 하거나 이런 상태가 됐다
　　일정을 짜다

(5) 어쩔 수 없다　　　　　•　　　　　　•　㉲ 여행이나 일 때문에 잠깐 어떤 곳에서 잠을 자다
　　어쩔 수 없이
　　택시를 타다

오늘의 표현

V–는 길에
V–는 길이다

어떤 일을 하는 중에 다른 일을 할 때, 어떤 일을 하는 중일 때

 '가다', '오다' 등 이동의 뜻을 나타내는 동사와 함께 씀.

• 학교에 **오는 길에** 지하철역에 들러서 왕복 기차표를 샀다.
• 지금 **가는 길이에요.** 길이 막혀서 어쩔 수 없었어요. 조금만 기다려 주세요.

듣고 말하기 1

● 여러분은 배낭여행을 해 본 적이 있습니까?

1 다음을 잘 듣고 대답해 보세요.

(1) 민아는 여행사에 왜 전화했습니까?

Track 12

(2) 전화를 끊고 민아는 무엇을 해야 합니까?

(3) 배낭여행의 장점과 단점은 뭐라고 생각합니까?
배낭여행을 한다면 어디로 누구와 함께 가고 싶습니까? 그 이유는 무엇입니까?

배낭여행 │ 포스터 │ 패키지여행 │ 인원 │ 목록 │ 쿠폰

듣고 말하기 2

1 다음을 잘 듣고 질문에 답하세요.

(1) 엠마에게 가장 기억에 남는 여행은 무엇입니까? 그 이유는 무엇입니까?

(2) 엠마가 기억하는 가장 힘든 여행은 무엇입니까? 왜 가장 힘들었습니까?

(3) 엠마와 마크는 다음 방학에 뭘 하기로 했습니까?

(4) '경주'는 어떤 곳입니까?

(5) 엠마와 마크가 여행을 하면 싸울 것 같습니까? 싸우지 않을 것 같습니까?
그렇게 생각한 이유는 무엇입니까?

2 여러분의 생각을 이야기해 보세요.

(1) 즐거운 여행을 하기 위해서 가장 중요한 것은 뭐라고 생각합니까? 그렇게 생각한 이유는 무엇입니까?

(2) 여행을 하면서 다음과 같은 문제가 생긴 적이 있습니까? 그때 어떻게 했습니까?

> ☐ 여권을 잃어버렸다.
> ☐ 함께 간 사람과 싸웠다.
> ☐ 기차나 비행기를 놓쳤다.
> ☐ 예약한 곳이 사진이나 후기와 달랐다.
> ☐ 가고 싶은 맛집이나 명소가 문을 닫았다.
> ☐ 기타 : _____

현대 | 신기하다 | 인증샷 | 한참 | 취향 | 신라 | 유적지 | 명소

● 여러분이 지금까지 한 여행 중에서 가장 기억에 남는 여행은 언제, 어디에서 한 여행입니까?
간단하게 메모하고 친구들에게 소개해 보세요.

언제	
어디	
누구와 함께	
일정	( )박 ( )일
거기에서 한 일	
가장 기억에 남는 이유	
다음에 간다면 해 보고 싶은 것	

3-2 여기가 제가 어렸을 때 살던 곳이에요

- 어렸을 때를 생각하면 어떤 일이 가장 먼저 생각납니까?
- 학교에 다녔을 때 경험한 일 중에서 가장 기억에 남는 일은 무엇입니까?

문법 1

V-던 N A-았/었던 N

아까 제가 마시던 커피 못 봤어요?
다 안 마셨는데 안 보이네요.

글쎄요, 저도 잘 모르겠어요.

1. 과거에 시작된 일이 아직 끝나지 않았을 때 사용한다. (V-미완료)

마시던 커피
↓
아직 커피를 다 마시지 않음

• 어제 **먹던 케이크**가 냉장고에 있는데 좀 드실래요?   • 아까 **하던 숙제**를 끝내고 게임을 하세요.

2. 과거에 자주 한 일이나 한 번만 한 일을 회상해서 이야기할 때 사용한다. (V-완료)

입던 옷
↓
과거에는 자주 입었지만 지금은 입지 않음

• 여기가 제가 유학할 때 자주 **가던 커피숍**이에요.
• 도서관에서 책을 빌렸는데 지난번에 **봤던 책**이에요.

A-았/었던 N N이었던/였던 N
과거의 상태를 회상해서 이야기할 때 사용한다.

• 저는 어렸을 때 **행복했던 기억**이 많아요.   • **내성적이었던 성격**을 바꾸려고 노력했다.

연습

◉ **문장을 만들어 보세요.**

(1) 친구가 보다 / 드라마 / 실수로 껐다

→ _____

(2) 잃어버렸다 / 지갑 / 찾아서 기쁘다

→ _____

(3) 즐겁다 / 추억 / 생각하다

→ _____

1 보기 와 같이 이야기해 보세요.

보기
엠마, 먹다, 과자, 없어졌다 · 다른 사람이 먹었다

엠마 씨가 먹던 과자가 없어졌대요.

없어진 걸 보니까 다른 사람이 먹었나 봐요.

(1) 서준, 읽다, 신문, 안 보이다 · 다른 사람이 가지고 갔다

(2) 카린, 길다, 머리, 잘랐다 · 긴 머리가 싫어졌다

(3) 마크, 1급 때 같은 반, 친구, 지금도 친하게 지내다 · (　　　　　　　　　　　)

(4) 파비우, 쓰다, (　　　　　), 안 켜지다 · (　　　　　　　　　　　)

2 보기 와 같이 이야기해 보세요.

보기

제가 지금까지 한국에서 가장 즐거웠던 추억은 한국 친구들과 놀이공원에 갔던 일이에요.

지금까지 한국에서 가장 즐거웠던 추억

지금까지 했던 일 중에서 가장 좋았던 일

지금까지 갔던 곳 중에서 가장 아름다웠던 장소

지금까지 먹었던 음식 중에서 가장 맛있었던 한국 음식

지금까지 내 인생에서 가장 재미있었던 영화

지금까지 내 인생에서 가장 힘들었던 일

지금까지 내 인생에서 가장 소중했던 사람

문법 2

V-자마자

아침에 일어나면 바로 뭘 해요?

일어나자마자 물을 마셔요.

앞의 행동이 끝난 후 다음 행동을 바로 하거나 앞의 일이 끝나고 짧은 시간 후에 다음 일이 생겼을 때 사용한다.

일어나자마자 → 물을 마셔요.

(짧은 시간)

두 일(행동) 사이의 짧은 시간은 화자 개인의 주관적인 느낌, 판단임.

- 친구는 내 이야기를 **듣자마자** 화를 냈다.
- 버스에서 **내리자마자** 비가 오기 시작했다.
- 음식을 **주문하자마자** 나와서 깜짝 놀랐어요.
- 한국에 **오자마자** 새 친구를 사귀었다.

연습

◉ 문장을 만들어 보세요.

(1) 밥을 먹다 / 이를 닦다

→ _____

(2) 침대에 눕다 / 잠이 들었다

→ _____

(3) 방학을 하다 / 이사를 하려고 하다

→ _____

1 보기 와 같이 이야기해 보세요.

보기   날씨가 정말 덥다   밖에 나오다, 땀이 나다

날씨가 정말 덥네요.

네, 밖에 나오자마자 땀이 나더라고요.

(1) 생각보다 빨리 도착했다   버스 정류장에 도착하다, 버스가 오다

(2) 두 사람이 또 싸웠나 보다   화해하다, 또 싸우다

(3) 기차에 못 탈 뻔했다   (   ), 문이 닫히다

(4) 친구가 선물이 마음에 들었나 보다   (   ), (   )

2 앞으로의 계획은 무엇입니까? 보기 와 같이 이야기해 보세요.

보기

방학을 하자마자 뭘 할 거예요?

방학을 하자마자 경주로 여행을 갈 거예요.

방학을 하다	경주로 여행을 가다
시험이 끝나다	
고향에 가다	
대학교에 입학하다	

대화

● 대화를 듣고 따라 읽어 보세요.

서준   엠마 씨! 어디 가는 길이에요? 시험은 잘 끝났어요?

엠마   아, 서준 씨! 지금 도서관에 가는 길이에요.

서준   네? 시험도 끝났는데 왜 도서관에 가요?
      피곤할 텐데 빨리 집에 가서 쉬세요.

엠마   지난번에 빌렸던 책을 오늘 반납해야 해서 갈 수밖에 없어요.

서준   그렇군요. 다른 친구들은 다 집에 갔어요?

엠마   네, 카린 씨는 시험이 끝나자마자 춤 연습하러 가더라고요.
      서준 씨는 시험 다 끝났어요?

서준   저는 시험이 아직 하나 남아서 오늘도 잠을 못 잘 것 같아요.

엠마   저런, 잠을 못 자면 너무 힘들 텐데….

어휘와 표현

1 다음 단어에 대해 알아보고 빈칸에 알맞은 말을 쓰세요.

> 어린이   청소년   초등학생   중학생   고등학생

유치원생	(2) ( )	(3) ( )	(4) ( )	대학생
(1) ( )		(5) ( )		성인

2 다음 단어와 의미가 맞는 것을 연결하세요.

(1) 사춘기　　　　　•　　　　　• ㉮ 슬퍼서 마음이 힘들다

(2) 소리가 나다　　　•　　　　　• ㉯ 시간이 지나가다

(3) 세월이 흐르다　　•　　　　　• ㉰ 오는 사람을 나가서 기다리다

(4) 가슴이 아프다　　•　　　　　• ㉱ 소리가 밖으로 나오다

(5) 마중을 나오다　　•　　　　　• ㉲ 몸과 마음이 성인이 되어 가는 시기

오늘의 표현

A/V-기는 하지만 앞의 내용을 일부 긍정하면서 앞의 내용과 반대되거나 다른 의견을 말할 때

- 에어컨에서 이상한 소리가 **나기는 하지만** 고장은 아닌 것 같다.
- 친한 친구가 멀리 유학을 가서 가슴이 **아프기는 했지만** 응원하기로 했어요.

읽고 말하기 1

○ 여러분은 어린 시절이나 학창 시절을 생각하면 무엇이 생각납니까?

1 다음을 읽고 대답해 보세요.

인생에서 다시 돌아가고 싶은 때를 물어보면 많은 사람들이 어린 시절이라고 이야기합니다. 보통 그때는 미래에 대한 계획이나 걱정이 별로 없기 때문입니다. 매일 친구들과 재미있게 놀거나 좋아하는 일을 하면서 즐겁게 지냅니다. 하지만 자라면서 미래에 대한 걱정이 생기고 공부 때문에 스트레스를 받기도 합니다. 어른의 말에 쉽게 기분 나빠하고 주위 사람들에게 화를 낼 때도 있습니다. 또 친구와의 관계 때문에 힘들어하기도 하고 좋아하는 사람이 생기기도 합니다. 이렇게 청소년 시기에 몸과 마음이 점점 어른이 되는 기간을 '사춘기'라고 합니다. 많은 사람들이 자신의 사춘기에 대해 이야기하고 싶어하지 않는데 그 이유는 나중에 생각해 보면 너무 후회가 되고 부끄러운 일들이 많기 때문입니다. 사춘기에 부끄러운 일들이 많기는 하지만 아무리 부끄러운 일이어도 그것은 모두 지금의 나를 있게 해 준 소중한 추억이라는 것을 잊지 말아야 합니다.

(1) '사춘기'는 무엇입니까?

(2) 사람들이 자신의 사춘기에 대해 이야기하고 싶어하지 않는 이유는 무엇입니까?

(3) 여러분의 사춘기는 어땠습니까? 기억에 남는 경험을 이야기해 보세요.

인생 │ 시절 │ 주위 │ 어른 │ 관계 │ 시기 │ 후회 │ 소중하다 │ 추억

● 다음은 어떤 학생이 쓴 반려동물과의 추억에 대한 이야기입니다.

> 내가 '마루'를 처음 만났던 날은 여섯 살 내 생일이었다. 친구 집에 놀러 가서 친구의 강아지를 봤는데 강아지가 너무 예쁘고 귀여웠다. 집에 돌아온 후에도 계속 강아지가 생각나서 나도 강아지를 키우게 해 달라고 부모님을 졸랐다. 부모님은 처음에는 안 된다고 하셨지만 내가 포기하지 않고 계속 조르니까 결국 생일 선물로 강아지를 데리고 오셨다. 나는 마루를 보자마자 사랑하게 되었고 동물을 별로 좋아하지 않던 어머니도 금방 마루를 예뻐하셨다.
>
> 나는 형제가 없었기 때문에 마루는 내 동생이 되었고, 그 뒤로 우리는 언제나 함께였다. 마루는 잠을 잘 때도 내 옆에서 잤고, 내가 사춘기가 되어 마음이 외롭고 답답할 때도 항상 내 옆에 있었다. 마루는 내 가족일 뿐만 아니라 친구였다. 마루가 있어서 내 어린 시절은 따뜻하고 행복한 기억들이 가득했다.
>
> 세월이 흘러 나는 대학생이 되었지만 마루는 늙고 아픈 곳도 많아졌다. 그리고 어느 날 조용히 무지개 다리를 건넜다. 나는 너무 슬퍼서 한동안 밥도 잘 못 먹고 잠도 잘 못 잤다. 마루가 쓰던 물건을 볼 때마다 너무 가슴이 아파서 앞으로 다시는 강아지를 키우지 않겠다고 생각했다. 슬퍼하는 나에게 친구는 이런 이야기를 해 줬다. "강아지는 죽으면 강아지 별에서 주인이 올 때까지 기다린대. 그리고 주인이 죽으면 기다리던 강아지가 마중을 나온대. 그러니까 나중에 꼭 다시 만날 수 있을 거야."
>
> 친구의 말을 듣고 나는 조금씩 힘을 낼 수 있었다. 지금도 마루가 정말 그립지만 언젠가 만날 수 있다고 생각하니까 마루의 사진을 보며 웃을 수 있게 됐다. 마루가 나를 마중 나오는 날이 온다면 기다려 줘서 고맙다고, 하루도 너를 잊은 적이 없다고 말해 주고 싶다.

1 질문에 답하세요.

(1) '나'는 왜 강아지를 키우게 됐습니까?

(2) 강아지는 '나'와 어떤 관계였습니까?

(3) '나'는 어떻게 다시 웃을 수 있게 되었습니까?

2 여러분의 생각을 이야기해 보세요.

(1) 여러분 나라에서는 반려동물이 죽으면 어디로 간다고 이야기합니까?
'무지개 다리'나 '강아지 별'과 같은 표현이 있습니까?

(2) 여러분도 반려동물을 키워 본 경험이 있습니까? 어떤 추억이 있습니까?

(3) 여러분의 어린 시절이나 학창 시절에 가장 생각나는 추억은 무엇입니까?
그 이유는 무엇입니까? 간단하게 메모하고 이야기해 봅시다.

생각나는 추억	예) 가족 여행, 초등학교 때 친구, 중학교 때 선생님, 첫사랑 …
생각나는 이유	

반려동물 │ 조르다 │ 결국 │ 형제 │ 언제나 │ 가득하다 │ 무지개 │ 다리 │ 한동안 │ 언젠가

3-3 한 단계 오르기

생각해 봅시다

◉ 다음 어휘와 문법 중 잘 이해하고 있는 것에 표시(√)하세요.

☐ 왕복   ☐ 취향   ☐ 한참

☐ 언젠가   ☐ 소중하다   ☐ 답답하다

☐ 짐을 싸다   ☐ 일정을 짜다   ☐ 소리가 나다

☐ 어쩔 수 없다   ☐ 가슴이 아프다   ☐ 마중을 나오다

☐ 제주도는 경치가 **아름다울 뿐만 아니라** 맛있는 음식이 많다.

☐ **바쁘실 텐데** 시간 내 주셔서 감사합니다.

☐ 지금 **나가는 길이에요.** 조금만 기다리세요.

☐ 책상 위에 **있던** 휴대폰이 없어져서 찾고 있어요.

☐ 이번 학기가 **끝나자마자** 여행을 가려고 한다.

☐ 그 책을 **읽기는 했지만** 이해가 잘 안 돼요.

◉ 아래의 문장을 보고 보기 와 같이 이야기해 보세요.

저는 한국에 유학을 와서 원룸에 묵고 있습니다.

보기

'묵다'는 잠깐 동안 사용하는 숙소와 함께 써야 하니까 이 문장을 틀린 것 같은데요.

맞아요. 유학을 왔으니까 '원룸에 살고 있다'라고 말해야 할 것 같아요.

1 다음 중 단어가 어색하게 쓰인 문장이 없는지 친구와 이야기해 보세요.

(1) 이 노래는 언젠가 들어도 좋다.

(2) 유학을 오기 전에 목표를 짜야 해요.

(3) 약속에 늦어서 어쩔 수 없이 택시를 타야 한다.

(4) 밖에서 시끄러운 소리가 나오는 걸 보니까 무슨 일이 있나 봐요.

(5) 사춘기 때 같은 반 친구를 좋아했던 일은 부끄럽지만 소중한 추억이다.

2 다음 중 문법이나 표현이 어색하게 쓰인 문장이 없는지 친구와 이야기해 보세요.

(1) 수업이 끝났자마자 집에 왔어요.

(2) 농구를 하는 길에 넘어져서 다쳤어요.

(3) 저는 고기일 뿐만 아니라 채소도 잘 먹어요.

(4) 고등학교 때 함께 놀던 친구들이 가끔 생각난다.

(5) 주말이라서 길이 막힐 텐데 지하철을 타지 그래요?

(6) 이것은 지난 학기 문화 체험을 갔을 때 찍던 사진입니다.

(7) 에어컨을 켜고 자서 감기에 걸릴 뿐만 아니라 전기 요금도 많이 나왔다.

◎ 아래 그림을 보고 배운 문법과 표현을 사용해서 짧은 이야기를 만들어 보세요.

이 사진은 5년 전에 여행할 때 …

어휘 늘리기

◉ 다음은 여행과 관계가 있는 단어입니다. 단어에 대해 알아보고 친구와 함께 질문에 대답해 보세요.

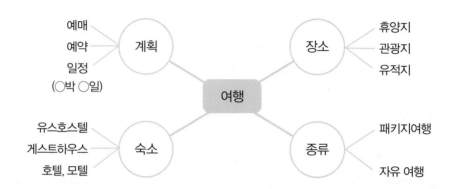

- 패키지여행과 자유 여행 중 무엇을 더 좋아합니까? 그 이유는 무엇입니까?
- 다음 방학에 여행을 간다면 '휴양지, 관광지, 유적지' 중에서 어디에 가고 싶습니까? 그 이유는 무엇입니까?
- 어떤 숙소에 묵어 본 적이 있습니까? 다음에 여행을 간다면 어떤 숙소에서 묵고 싶습니까? 그 이유는 무엇입니까?

◉ 다음 단어에 대해 알아보고 친구와 질문하고 대답해 보세요.

- 여행은 (언제나 / 언젠가) 즐겁습니다. (언제나 / 언젠가) 여행을 간다면 어떤 여행을 하고 싶습니까?

언제나	누구나	어디나	무엇이나
언젠가	누군가	어딘가	뭔가

- 위의 표현을 사용해 묻고 대답해 보세요.
  - 누구나 좋아할 여행지를 알고 있으면 추천해 주세요.
  - 누군가 ○○ 씨에게 무엇이나 줄 수 있다면 뭘 받고 싶어요?
  - _____
  - _____

● 다음 그림이 나타내는 말을 보기 에서 찾아보고 그 의미를 생각해 보세요.

보기
① 속을 썩이다 　　　　　② 이름(이) 있다
③ 바가지를 쓰다 　　　　④ 하나부터 열까지 안 맞는다

1 보기 에서 알맞은 말을 찾아 번호를 쓰세요.

(1) 세상에 이름이 알려져 있다 　　　　　　　　　（　　　　）

(2) 다른 사람보다 비싸게 물건을 사다 　　　　　　（　　　　）

(3) 처음부터 끝까지, 모두 다 맞지 않다 　　　　　（　　　　）

(4) 상황이나 결과가 원하는 것과 달라 괴롭다 　　（　　　　）

2 어떤 말을 쓸 수 있을까요? 빈칸에 알맞은 말을 쓰고 이야기해 보세요.

(1) 가 친구랑 같이 여행을 갔는데 왜 따로 귀국했어요?

　　나 우리는 취향이 정말 다르더라고요. _____ –아/어서 힘들었어요.

(2) 가 우리 애 선생님한테 전화가 왔는데, 오늘 또 학교에 안 왔대.

　　　왜 이렇게 _____ –는지 모르겠어.

　　나 사춘기 때는 다 그렇지, 뭐. 곧 지나갈 거야. 너무 걱정하지 마.

(3) 가 왜 표정이 안 좋아요? 무슨 일 있어요?

　　나 친구들에게 줄 기념품을 샀는데 다른 가게에서는 더 싸게 팔더라고요.

　　　_____ –(으)ㄴ 것 같아서 기분이 나빠요.

(4) 가 고등학교 때는 어땠어요?

　　나 대학 입시 때문에 힘들었어요.

　　　그때는 꼭 _____ –는 대학에 가야 행복하게 살 수 있다고 생각했거든요.

실전 말하기

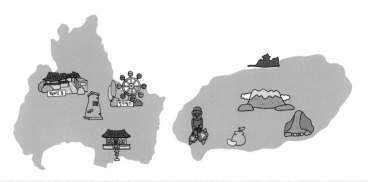

V-아/어 보니까 어땠어(요)?

| 정말/진짜/완전
별로였어(요). | 그저 그랬어(요). | (생각보다)
괜찮았어(요). | 정말/진짜/완전 좋았어(요).
기대 이상이었어(요). |

Track 15

◯ 위에 나온 표현을 생각하면서 대화를 읽어 보세요.

> 가 경주에 **가 보니까 어땠어?**
>
> 나 **정말 좋았어.** 날씨가 좋을 뿐만 아니라 경치도 정말 아름다웠거든.
>   넌 제주도에 갔다 왔지? 제주도는 **가 보니까 어땠어?**
>
> 가 **그저 그랬어.**
>   제주도에 도착하자마자 비가 내리기 시작해서 여행하는 3일 내내 비가 왔거든.
>
> 나 그래? 내가 이야기했던 식당은 가 봤어?
>
> 가 힘들게 찾아갔는데 휴일을 확인 안 해서 그날이 쉬는 날이었어.
>   어쩔 수 없이 그 옆에 있는 다른 식당에 갔는데 **정말 별로였어.**
>
> 나 아이고…. 너무 아쉽네.

◯ 다음 표현을 사용해서 친구와 짧게 대화해 보세요.

| **V-아/어 보니까 어땠어(요)?** | 경험한 것에 대해 물어볼 때 |

> 가 그 사람을 **만나 보니까 어땠어요?**
>
> 나 TV에서 볼 때는 차가워 보였는데 직접 만나 보니까 성격도 좋고 친절했어요.

| 한국 지하철 | 아르바이트 | ? |

> 정말/진짜/완전 좋았어(요).
> 기대 이상이었어(요).
> (생각보다) 괜찮았어(요).

긍정적인 반응

가　오늘 영화 어땠어요?

나　정말 좋았어요. 배우가 연기를 너무 잘하더라고요.

　　괜찮았어요. 제가 그 배우를 좋아하거든요.

지난 학기 문화 체험　　　　　　　　　새로 산 화장품　　　　　　　　?

> 그저 그랬어(요).
> 정말/진짜/완전 별로였어(요).

부정적인 반응

가　그 식당 어땠어?

나　그저 그랬어. 전에 갔던 식당이 더 낫더라고.

　　완전 별로였어. 비싸고 맛도 없더라고.

소개팅　　　　　　　　　　　공연　　　　　　　　　?

● 위에서 배운 표현을 사용해 아래 상황에 대해 이야기해 보세요.

- 경주 여행을 다녀온 친구와 제주도 여행을 다녀온 친구의 대화
- 원룸에 살아 본 친구와 고시원에 살아 본 친구의 대화
- 찜닭을 먹어 본 친구와 순대를 먹어 본 친구의 대화

가　경주에 가 보니까 어땠어?

나　정말 좋았어/기대 이상이었어. 날씨가 좋을 뿐만 아니라 경치도 정말 아름다웠거든.

　　넌 제주도에 갔다 왔지? 제주도는 가 보니까 어땠어?

가　그저 그랬어/진짜 별로였어.

　　제주도에 도착하자마자 비가 내리기 시작해서 여행하는 3일 내내 비가 왔거든.

나　아이고….

내내

실전 쓰기

나열하기 하나의 주제에 대해 몇 가지 특징을 제시할 때

◎ 나열할 때에는 다음과 같은 표현을 사용합니다.

- 첫째, 둘째, 셋째, …
- 그리고, 또, 또한, 또 하나는
- −고, −뿐(만) 아니라
- N(이)며
- N 및, N 등

◎ 아래 보기 와 같이 연습해 보세요.

보기 **주제:** 말하기 시험을 잘 보는 방법
① 크게 말해야 한다.
② 발음이 중요하다.
③ 배운 문법과 단어를 많이 사용해야 한다.
④ 자신감 있게 이야기해야 한다.

→ 말하기 시험을 잘 보는 방법은 다음과 같다. **첫째,** 크게 말해야 한다. **둘째,** 발음이 중요하다. **셋째,** 배운 문법과 단어를 많이 사용해야 한다. **넷째,** 자신감 있게 이야기해야 한다.

1 내가 한국어를 빨리 잘하게 된 방법

① 한국어 수업을 잘 듣고 복습을 열심히 했다.
② 고향 친구들보다 한국 친구나 다른 나라 친구를 많이 만났다.
③ 한국어를 사용할 수 있는 아르바이트를 구했다.
④ 주말에는 집에만 있지 않고 여기저기 구경을 다녔다.

→ 내가 한국어를 빨리 잘하게 된 방법은 다음과 같다. _____

_____

_____

_____

2 수원 화성

① 수원의 명소
② 유네스코 세계 문화유산
③ 그때의 최신 기술을 이용하여 만들었다.
④ 아버지에 대한 정조의 마음을 보여 주는 곳

→ 수원 화성은 조선 시대 왕인 정조 때 지은 성곽으로, _____

_____

_____

_____

3 다음은 제주도에서 할 수 있는 일들을 메모한 것입니다. 메모를 보고 글을 완성해 보세요.

제주도에서 할 수 있는 일
북쪽: 바닷가 드라이브, 유명한 시장 구경,
　　　공항이 가까워 선물 사기에 좋음.
동쪽: '우도' 관광, 땅콩 아이스크림이 유명함.
남쪽: 유명한 폭포, 감귤 농장 체험
서쪽: 아름다운 해수욕장
가운데: 한라산 등산

→ 제주도에서 할 수 있는 일은 아주 많다. 제주도 북쪽에서는 바닷가 드라이브, 유명한 시장 구경 **등**을 할 수 있다. **그리고** 동쪽에는 '우도'가 유명한데, 우도에 가면 땅콩으로 만든 아이스크림 **및** 막걸리를 꼭 먹어 봐야 한다. 남쪽에서는 _____

_____

_____

_____

자신감 | 기술

CHAPTER

04

성격과 감정

4-1 그건 너답지 않아

- '핵인싸'라는 단어를 들어 봤습니까? 어떤 의미입니까?
- 여러분은 '핵인싸'입니까? 아니면 '아싸'입니까?

문법 1

N답다, N스럽다

> 오늘 경기를 보니까 대표팀답지 않았어요.

> 맞아요. 좀 걱정스럽더라고요.

💡 'N답다'는 그 명사가 원래 갖추어야 할 특성이나 성질, 자격을 잘 갖고 있을 때, 'N스럽다'는 그 명사와 비슷한 특성이나 성질이 있는 것처럼 보일 때 사용한다.

남산은 유명한 **관광지답게** 평일에도 사람이 많네요.	**어른스럽게** 인사를 하는 아이의 모습이 귀엽다.
↓	↓
N의 특성이나 성질	N과 같은 특성이나 성질

- 학생이면 **학생답게** 규칙을 잘 지켜야 합니다.
- 아침부터 환자가 많은 걸 보니 역시 유명한 **병원답네요.**
- 아이가 말하는 게 참 **어른스러워요.**
- 친구가 갑자기 울어서 **당황스러웠다.**

연습

● 문장을 만들어 보세요.

(1) 세계적인 선수 / 경기를 잘하다

→ _____

(2) 유명한 식당 / 음식이 별로 맛없다

→ _____

(3) 친구가 어려운 시험에 합격하다 / 자랑

→ _____

대표팀 | 역시 | 당황스럽다 | 세계적 | 자랑

활동

1 보기와 같이 이야기해 보세요.

보기   오래 기다려야 하다, 그래도 가다   유명한 맛집, 음식이 정말 맛있다

(1) 시험이 어려웠다, 엠마 씨가 또 장학금을 받았다   모범생, 예습과 복습을 열심히 하다

(2) 위험하다, 동생이 혼자 여행을 가다   군인, 용감하고 씩씩하다

(3) 커피값이 비싸다, 그래도 손님이 많다   (　　　　　), (　　　　　)

(4) 회사가 멀어서 힘들다, (　　　　)   큰 회사, (　　　　)

2 보기와 같이 누구인지 말해 보세요.

| 한국 사람 | •
 • |
| 〇〇 사람 | •
 • |

모범생 | 군인 | 용감하다 | 씩씩하다

108

문법 2

V-지 그래(요)?, V-지 그랬어(요)?

감기에 걸려서 목이 아프네요.

아프면 약을 먹지 그래요?
아프면 약을 먹지 그랬어요?

'V-지 그래요?'는 상대방에게 앞으로 도움이 될 수 있는 행동을 제안하거나 권할 때 사용하는 표현으로 약하고 부드러운 명령문으로도 사용하며, 'V-지 그랬어요?'는 상대방의 과거 행동을 아쉬워하거나 잘못한 점을 지적할 때 사용한다.

아프면 약을 먹지 그래요?	아프면 약을 먹지 그랬어요?
↓	↓
권하는 행동	(하지 않아서) 아쉬운 행동

- 가 오늘 배운 문법은 너무 어려운 것 같아요.
  나 잘 모르겠으면 선생님께 **물어보지 그래요?**
- 가 수영을 하는 날인데 피곤하네요.
  나 그럼 그냥 **가지 말지 그래요?**
- 가 버스에서 넘어져서 다리를 다쳤어요.
  나 그러니까 손잡이를 꼭 **잡지 그랬어요.**

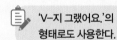 'V-지 그랬어요.'의 형태로도 사용한다.

연습

● 문장을 만들어 보세요.

(1) 소화가 안되다 / 산책을 하다

→ _____

(2) 졸리다 / 커피를 마시다

→ _____

(3) 길을 모르다 / 나한테 전화하다

→ _____

활동

1 보기 와 같이 이야기해 보세요.

보기

영화를 보다, 표가 매진되다   집에서 책을 읽다, 일찍 표를 사다

> 영화를 보려고 했는데
> 표가 매진됐대요.

> 그럼 영화를 보는 대신
> 집에서 책을 읽지 그래요?

> 그러니까 일찍 표를
> 사지 그랬어요?

(1) 어머니하고 미술관에 가다, 쉬는 날이다   그럼 영화관에 가다

(2) 오늘 친구를 만나다, 친구가 바쁘다   그러니까 지난주에 만나다

(3) 한강에서 자전거를 타다, 비가 오다   (   )

(4) 도서관에 가다, 자리가 없다   (   )

2 친구의 고민을 듣고 보기 와 같이 조언해 보세요.

보기

> 말하기 실력이 좋아지지
> 않아서 걱정이에요.

> 말하기를 잘하고 싶다면
> 아르바이트를 해 보지 그래요?
> 저도 아르바이트를 하니까
> 말하기가 좀 좋아지더라고요.

말하기 실력이 좋아지지 않는다	아르바이트를 하다
한국 음식이 입에 맞지 않아서 건강이 나빠졌다.	
친구를 사귀고 싶은데 어떻게 해야 할지 모르겠다.	
단어를 열심히 외워도 잘 잊어버린다.	

자리

110

대화

● 대화를 듣고 따라 읽어 보세요.

Track 16

카린 민아 씨, 지난번에 학교에 데리고 왔던 조카는 잘 있어요?

민아 네, 잘 있어요.

카린 오늘 지하철에서 어떤 아이를 봤는데 민아 씨 조카가 생각나더라고요.
조카가 너무 귀엽고 사랑스러웠어요. 행동도 어른스럽고요.

민아 예쁘게 봐 주셔서 고마워요. 그래도 아이는 좀 아이답게 장난도 치고
노는 것도 좋아해야 하는데 제 조카는 혼자서 책 읽는 것만 좋아해서
걱정이에요.

카린 오늘 데려오지 그랬어요? 그럼 제가 맛있는 것도 사 주고 재미있게
놀아줬을 텐데요.

민아 다음에 꼭 같이 만나요. 이따가 집에 가는 길에 언니 집에 잠깐
갈 거예요. 조카한테 카린 씨가 보고 싶어 한다고 이야기할게요.

어휘와 표현

1 다음 단어에 대해 알아보고 빈칸에 알맞은 말을 쓰세요.

게으르다	급하다	꼼꼼하다	느긋하다	부지런하다

(1) 매일 늦게 일어나서 지각을 자주 하고 청소나 빨래도 잘 안 해요.　　　　＿＿＿＿＿ -(으)ㄴ 성격

(2) 일을 할 때 작은 것까지 확인해서 실수를 별로 하지 않아요.　　　　＿＿＿＿＿ -(으)ㄴ 성격

(3) 아침에 일찍 일어나서 운동을 하고 학교에 가요. 아침도 꼭 먹고요.　＿＿＿＿＿ -(으)ㄴ 성격

(4) 음식이 맛있는 식당보다 빨리 나오는 식당이 좋아요.　　　　　　＿＿＿＿＿ -(으)ㄴ 성격

(5) 모든 일을 서두르지 않고 여유 있게 해요.　　　　　　　　　　＿＿＿＿＿ -(으)ㄴ 성격

2 다음 단어와 의미가 맞는 것을 연결하세요.

(1) 적극적 ● 　　　　● ㉮ 시키지 않아도 스스로 열심히

(2) 소극적 ● 　　　　● ㉯ 머리로 생각하여

(3) 이성적 ● 　　　　● ㉰ 활발하고 표현을 잘하는

(4) 감성적 ● 　　　　● ㉱ 스스로 하려는 마음이 부족한

(5) 외향적 ● 　　　　● ㉲ 마음으로 느껴서

(6) 내성적 ● 　　　　● ㉳ 조용하고 마음속으로 생각하는

오늘의 표현

하도 A/V-아/어서 이유를 강조해서 말할 때

- 친구는 성격이 **하도 급해서** 기다리는 걸 싫어해요.
- 룸메이트가 **하도 부지런해서** 집이 항상 깨끗하기는 하지만 좀 피곤할 때도 있어요.

📋 '하도 A/V-아/어요'의
형태는 사용하지 않음.

112

듣고 말하기 1

● 여러분은 어떤 성격입니까? 다른 사람들은 여러분이 어떤 사람이라고 말합니까? 내가 생각하는 나와 다른 사람이 말하는 나에 대해 이야기해 보세요.

1 다음을 잘 듣고 대답해 보세요.

Track 17

(1) 첸은 룸메이트와 어떤 문제가 있습니까?

(2) 그 문제에 대해 왜 룸메이트한테 말하지 못합니까?

(3) 친구는 첸에게 어떻게 말하라고 했습니까? 첸이 룸메이트에게 할 말을 써 보세요.

삐지다 │ 표현하다 │ 조심스럽다

듣고 말하기 2

1 다음을 잘 듣고 질문에 답하세요.

Track 18

(1) 사람들이 처음 만나면 보통 어떤 것을 물어봅니까?

(2) 사람들은 왜 상대방의 혈액형이나 별자리, MBTI를 알고 싶어 할까요?

(3) 이 사람은 혈액형이나 별자리, MBTI를 물어보는 것에 대해 어떻게 생각합니까?

(4) 어떤 사람을 잘 이해하고 싶으면 어떻게 해야 합니까?

2 여러분의 생각을 이야기해 보세요.

(1) 혈액형이나 별자리에 따라 사람들의 성격이 다르다고 생각합니까?

(2) MBTI를 알면 상대방을 이해하는 데 도움이 된다고 생각합니까?

(3) 여러분이 어떤 상황에서 어떤 행동을 할 때 사람들이 '너답다', '너답지 않다'라고 말할까요?

실제 ｜ 성향 ｜ 예전 ｜ 혈액형 ｜ 별자리 ｜ 검사 ｜ 특성 ｜ 평가 ｜ 어리석다 ｜ 일상생활

● 여러분은 '인싸'입니까? '아싸'입니까?

1

☐ 친구들이 쉬는 시간에 내 자리로 온다.

☐ 처음 만난 사람들과 잘 놀 수 있다.

☐ 생일에 15명 이상이 축하 메시지를 보낸다.

☐ 내가 메시지를 보내지 않아도 친구들에게 먼저 메시지가 온다.

☐ 집에서 3일 이상 놀 수 없다.

☐ 혼밥보다는 같이 식사하는 것이 좋다.

☐ 유행어나 새로 생긴 말을 많이 안다.

☐ 이틀에 한 번 이상 친구를 만난다.

☐ SNS 친구가 200명 이상이다.

☐ _____

• 마지막 테스트 문장을 여러분이 써 보세요.

• 몇 개 이상이면 '인싸'일까요?

2

☐ 같은 반 친구들이 내 이름을 모른다.

☐ 내성적이라는 소리를 들어 본 적이 있다.

☐ 친한 친구가 5명도 안 된다.

☐ 혼밥, 혼영을 해 봤다.

☐ 하루 동안 말을 안 한 적이 있다.

☐ SNS를 안 한다.

☐ 일주일 동안 메시지가 안 왔다.

☐ 인터넷, TV만 있으면 집에만 있을 수 있다.

☐ SNS 친구가 100명 이하이다.

☐ _____

• 마지막 테스트 문장을 여러분이 써 보세요.

• 몇 개 이상이면 '아싸'일까요?

- 여러분이 자주 사용하는 이모티콘은 무엇입니까? 그 이모티콘으로 어떤 마음을 표현하려고 했습니까?
- 자신의 마음을 표현하기 어려울 때가 있습니까?

문법 1

A/V-(으)ㄹ까 봐(서)

무슨 일 있어요?

약속 시간에 늦을까 봐 걱정이에요.

> 걱정하거나 두려워하는 상황에 대해 말할 때 사용한다. 선행절에는 알지 못해 걱정되는 상황을 쓰고, 후행절에는 걱정을 대비하기 위한 노력이나 준비를 쓴다.

| 약속 시간에 **늦을까 봐** | 걱정이에요. | → | **걱정이다, 걱정되다, 불안하다 등** |
| 약속 시간에 **늦을까 봐** | 택시를 탔어요. | → | **걱정이 돼서 한 일** |

↓

걱정되는 내용

- 옷이 **작을까 봐** 조금 걱정했는데 사이즈가 잘 맞았다.
- 길이 **막힐까 봐** 집에서 일찍 나왔다.
- 건강이 **안 좋아질까** 봐 야식을 안 먹어요.

연습

● 문장을 만들어 보세요.

(1) 시험이 어렵다 / 걱정이다

→ _____

(2) 친구가 기다리다 / 약속 장소에 일찍 갔다

→ _____

(3) 말하기 시험에서 실수하다 / 항상 꼼꼼하게 준비하다

→ _____

1 보기 와 같이 이야기해 보세요.

보기

커피를 안 마시다   건강이 나빠지다, 걱정이다

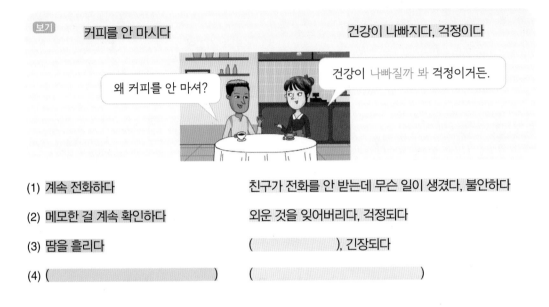

(1) 계속 전화하다   친구가 전화를 안 받는데 무슨 일이 생겼다, 불안하다

(2) 메모한 걸 계속 확인하다   외운 것을 잊어버리다, 걱정되다

(3) 땀을 흘리다   (   ), 긴장되다

(4) (   )   (   )

2 보기 와 같이 이야기해 보세요.

카페에서 친구를 만나다	친구가 그 카페를 잘 못 찾다, 지하철역에서 만나자고 하다	친구가 그 카페를 잘 못 찾을 것 같아.
친구와 같이 영화를 보다		영화가 재미없으면 어떡하지?
백화점에서 쇼핑하다		백화점은 물건이 비싸겠지?
마크 씨에게 같이 등산을 가자고 하다		

문법 2

A/V-(으)ㄴ/는 척하다

많이 아파요?

아니요, 학교에 가기 싫어서 아픈 척했어요.

❗ 사실이 아닌데 사실인 것처럼 꾸며서 거짓으로 행동할 때 사용한다.

학교에 가기 싫어서 **아픈 척했어요.**

↓

사실이 아님

- 집에서 쉬고 싶어서 **피곤한 척했어요.**
- 부모님께서 걱정하실까 봐 항상 잘 **지내는 척한다.**
- 아픈 곳이 없었지만 **감기에 걸린 척했어요.**
- 우리가 사귀는 것도 아닌데 **남자 친구인 척하지 마.**

연습

● 문장을 만들어 보세요.

(1) 할 일이 있다

→ 집에 일찍 가고 싶어서 _____

(2) 알다

→ 어려워서 이해를 못 했지만 _____

(3) 외국인이다

→ 길을 묻는 사람이 너무 많아서 _____

활동

1 보기 와 같이 이야기해 보세요.

보기

휴대폰으로 단어를 찾았다　　　　　　　　　게임을 했다

정말 휴대폰으로 단어를 찾았어요?

아니요, 게임을 했는데 단어를 찾는 척했어요.

(1) 못 알아들었다　　　　　　　　무슨 말인지 이해했다

(2) 아이돌에 관심이 없다　　　　　한국 아이돌을 좋아하다

(3) 괜찮다　　　　　　　　　　　(　　　　　　　　　　　　)

(4) (　　　　　　　　　　　　)　(　　　　　　　　　　　　)

2 사실이 아닌데 사실인 것처럼 행동한 적이 있습니까? 보기 와 같이 이야기해 보세요.

보기

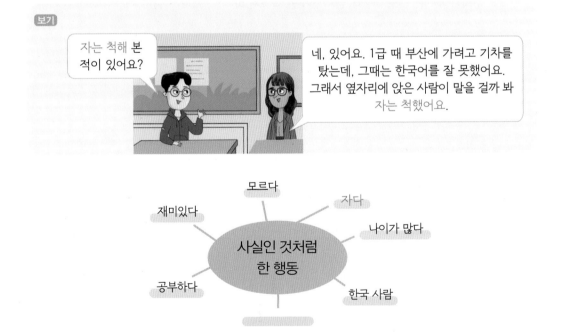

자는 척해 본 적이 있어요?

네, 있어요. 1급 때 부산에 가려고 기차를 탔는데, 그때는 한국어를 잘 못했어요. 그래서 옆자리에 앉은 사람이 말을 걸까 봐 자는 척했어요.

모르다

자다

재미있다

나이가 많다

사실인 것처럼 한 행동

공부하다

한국 사람

행동하다 | 말을 걸다

120

대화

Track 19

● 대화를 듣고 따라 읽어 보세요.

파티마 그 얘기 들었어요? 첸 씨가 오래 만난 여자 친구와 헤어졌대요.

마크 네? 정말요? 평소와 비슷해 보여서 몰랐어요. 첸 씨가 많이 힘들겠네요.

파티마 친구들이 걱정할까 봐 괜찮은 척하는 같아서 더 걱정이 돼요.

마크 친구라면 이럴 때 모르는 척하면 안 되겠죠?
속상할 텐데 같이 놀러 가자고 해 볼까요?

파티마 그거 좋은 생각이에요. 아, 놀이공원은 어때요?
첸 씨가 놀이 기구 타는 걸 좋아하는 것 같았거든요.

마크 좋아요. 저도 얼마 전부터 놀이공원에 가고 싶었는데 혼자 다니면
사람들이 이상하게 볼까 봐 못 갔거든요.

속상하다

어휘와 표현

1 다음 단어에 대해 알아보고 빈칸에 알맞은 말을 쓰세요.

긍정적인 감정			부정적인 감정		
설레다	기다려지다	다행이다	서운하다 우울하다	답답하다 지겹다	짜증이 나다

(1) 민아 　여행을 가겠다고 결심하고 여행지를 찾는 것은 항상 즐겁다. 아무리 멀어도 여행을 떠날 때에는 기분이 좋다. ＿＿＿＿＿＿＿＿＿＿

(2) 엠마 　서울역에서 11시에 출발하는 기차를 타야 하는데 늦잠을 잤다. 10시 55분에 서울역에 도착해서 기차를 탔는데 자리에 앉자마자 기차가 출발했다. ＿＿＿＿＿＿＿＿＿＿

(3) 파티마 옆집은 항상 시끄럽다. TV 소리도 클 뿐만 아니라 가끔 싸우는 소리도 크게 들린다. ＿＿＿＿＿＿＿＿＿＿

(4) 빈 　한국어를 잘하고 싶은데 외운 단어를 자꾸 잊어버린다. 문법은 이해했지만 쓰려고 하면 잘 쓰기가 어렵다. 한국어 공부만 생각하면 마음이 불편하다. ＿＿＿＿＿＿＿＿＿＿

(5) 마크 　한국어 공부가 될 것 같아서 같은 음악을 계속 들었다. 좋은 노래이지만 더 듣고 싶지 않다. ＿＿＿＿＿＿＿＿＿＿

(6) 카린 　중간시험이 끝나면 반 친구들과 같이 놀이공원에 가기로 했다. 빨리 시험이 끝났으면 좋겠다. ＿＿＿＿＿＿＿＿＿＿

(7) 첸 　요즘은 안 좋은 일뿐이다. 여자 친구와 다툰 후에 헤어졌고 중요한 시험에서도 떨어졌다. 즐거운 일도 없어서 슬픈 생각만 하는 것 같다. ＿＿＿＿＿＿＿＿＿＿

(8) 파비우 어릴 때부터 친하게 지낸 친구가 두 명 있는데 매년 생일에는 셋이서 생일파티를 했다. 올해는 내가 한국에 있어서 생일파티는 못 할 거라고 생각했지만 친구들은 축하한다는 메시지도 안 보냈다. ＿＿＿＿＿＿＿＿＿＿

> **오늘의 표현**
>
> **V-아/어지다** 피동사가 없는 동사를 사용해 피동의 뜻을 나타낼 때
>
> • 볼펜을 다시 사야겠어요. 글씨가 잘 안 **써져서** 짜증이 나요.
> • 이번 방학에 친구와 제주도에 가기로 했어요. 벌써부터 방학이 **기다려져요**.

긍정적 ┃ 부정적 ┃ 감정

읽고 말하기 1

● 부정적인 감정 때문에 힘들 때 여러분은 어떻게 합니까?

1 다음을 읽고 대답해 보세요.

> 심리 상담을 부정적으로 생각하던 때도 있었지만 요즘은 학교에도 학생들의 마음 건강을 위한 심리 상담 센터가 있다. 학생들은 학교생활 적응, 공부 스트레스, 가족과의 문제 등 여러 이유로 상담 센터를 찾는다. 교내 상담 센터에서는 대부분 무료로 상담을 받을 수 있을 뿐만 아니라 멘토링 프로그램에도 참여할 수 있다. 전문가들은 대학교 1학년 학생들을 위한 프로그램이 특히 중요하다고 말한다. 대학교 신입생들은 낯선 환경에 적응해야 하기 때문에 스트레스가 많을 수밖에 없기 때문이다. '잘할 수 있을까?' 하는 생각에 불안하다고 느낄 뿐만 아니라 잘 적응하지 못하는 자신을 싫어하는 경우도 있다. 하지만 부모님이 걱정하실까 봐 문제 없는 척하는 학생들이 대부분이다. 이러한 감정 상태가 심해지면 우울증에 걸리거나 잘못된 선택을 하는 경우도 있어 주변의 관심이 필요하다.

(1) 학생들은 왜 상담 센터를 찾습니까?

(2) 상담 센터에 가면 무엇을 할 수 있습니까?

(3) 우울할 때 사람들은 어떤 말을 할 것 같습니까?

심리 상담 | 멘토링 프로그램 | 낯설다 | 환경 | 상태 | 우울증

읽고 말하기 2

● 다음은 고민을 쓴 글과 그 글의 댓글입니다.

저는 고향에서 할머니, 부모님, 누나, 강아지와 함께 살았는데 지금은 서울에서 혼자 살고 있습니다. 저는 성격이 외향적이라서 친구는 많지만 텅 빈 집에 돌아오면 무엇을 해야 할지 잘 모르겠습니다. 공부만 할 수도 없고 휴대폰으로 영상만 보는 것도 지겹습니다. 제 고민을 들은 친구들은 외로워서 그런 것 같다고 하면서 걱정을 해 줬습니다. 그리고 강아지보다는 키우기 쉬울 테니까 고양이를 키워 보라고 했습니다. 그래서 집 주인에게 연락했는데 같은 건물에 알레르기가 있는 사람이 살아서 안 된다고 하더라고요. 상황이 이해는 되지만 기분은 더 우울해졌습니다. 어떻게 해야 외롭지 않게 유학 생활을 할 수 있을까요?

고양이를 키우고 싶다면 이사를 가는 게 어때요? 이사를 해야 하면 바쁘게 지내야 하니까 외롭다는 생각도 별로 안 할 것 같아요. 고양이도 키울 수 있을 거고요.

외롭고 쓸쓸해서 고양이를 키울 생각이라면 다시 생각해 보세요. 동물을 키울 때에는 책임감이 필요합니다. 내가 외롭다는 이유로 동물을 키워도 될까요?

저는 오래 만난 남자 친구가 있습니다. 작년까지만 해도 데이트 하는 날이 기다려지고 만나면 설레고 함께 하는 모든 일이 즐거웠습니다. 하지만 제가 유학을 온 후로 모든 게 달라졌습니다. 저는 남자 친구가 걱정할까 봐 유학 생활이 힘들어도 즐거운 척했습니다. 하지만 남자 친구가 잘 지내서 다행이라고 말할 때마다 제 마음을 몰라 주는 것 같아서 서운합니다. 제가 이상해진 것 같습니다. 솔직하게 힘들다고 말해도 남자 친구는 제 상황을 잘 모르니까 답답하고 짜증만 나서 다툴 때도 많아졌습니다. 이제는 남자 친구에게 예전 같은 감정이 느껴지지는 않습니다. 친구들도 다른 사람을 만나 보라고 합니다. 하지만 저는 이 사람과 헤어진 후에 더 좋은 사람을 만나지 못할까 봐 헤어지는 게 무섭습니다.

1 질문에 답하세요.

(1) 첫 번째 글을 쓴 사람은 요즘 무엇 때문에 힘들어합니까?

(2) 첫 번째 글을 쓴 사람은 왜 고양이를 키울 수 없습니까?

(3) 두 번째 글을 쓴 사람은 요즘 무엇 때문에 힘들어합니까?

(4) 두 번째 글을 쓴 사람이 감정을 나타내기 위해서 사용한 표현을 정리해 보세요.

유학 오기 전	유학 온 후

2 여러분의 생각을 이야기해 보세요.

(1) 여러분은 이 글을 쓴 사람에게 어떤 말을 해 주겠습니까?
    또 여러분이 이 글을 쓴 사람이라면 어떻게 하겠습니까?

(2) 여러분은 요즘 어떤 고민이 있습니까? 자신의 고민을 이야기하고 친구의 조언을 들어 보세요.

댓글 | 텅 | 알레르기 | 상황 | 책임감 | 줄다 | 솔직하다 | 다투다 | 조언

4-3 한 단계 오르기

생각해 봅시다

◉ 다음 어휘와 문법 중 잘 이해하고 있는 것에 표시(✔)하세요.

☐ 소극적	☐ 외향적	☐ 이성적
☐ 게으르다	☐ 꼼꼼하다	☐ 느긋하다
☐ 다행이다	☐ 설레다	☐ 짜증이 나다
☐ 지겹다	☐ 서운하다	☐ 답답하다

☐ 유명한 회사에서 만든 **제품답게** 디자인이 정말 멋있네요.

☐ 잠이 안 오면 따뜻한 우유를 **마셔 보지 그래요?**

☐ 마음에 드는 옷이 있었지만 **하도 비싸서** 살 수가 없었다.

☐ **엄마가 화를 내실까 봐** 거짓말을 했다.

☐ 형이 불렀는데 대답하기 싫어서 **자는 척했어요.**

☐ TV를 보는데 갑자기 TV가 **꺼졌다.**

◉ 아래의 문장을 보고 보기 와 같이 이야기해 보세요.

친구는 성격이 외향적이어서 평소에 말도 잘 안 하고 혼자 있는 걸 좋아해요.

보기

'외향적인 성격'은 활발한 편 아니에요?

맞아요. '외향적인 사람'은 활발하고 자신의 의견을 잘 표현하는 사람이니까 틀린 것 같아요. 여기서 쓰인 의미와 반대네요.

1 다음 중 단어가 어색하게 쓰인 문장이 없는지 친구와 이야기해 보세요.

(1) 말하기 시험을 볼 때마다 실수할까 봐 설레고 긴장이 된다.

(2) 우리 아이는 너무 소극적이라 자기가 원하는 것도 잘 표현하지 못해서 걱정이에요.

(3) 사고가 나자마자 나는 울기만 했는데 이성적인 내 친구는 어디를, 얼마나 다쳤는지 확인하고 119에 전화를 했다.

(4) 내 동생은 게으른 성격이라 아무리 급한 일이 있어도 서두르지 않고 천천히 해서 실수가 적다.

(5) 어제 라면을 두 개나 끓여 먹어서 라면은 이제 지겨워. 점심에는 다른 걸 먹자.

2 다음 중 문법이나 표현이 어색하게 쓰인 문장이 없는지 친구와 이야기해 보세요.

(1) 아직 한국어가 자연스럽지 않아서 말하기에 자신이 없어요.

(2) 감기에 걸릴까 봐 옷을 많이 입으세요.

(3) 우리 강아지는 밥을 많이 먹어서 살이 하도 많이 쪘어요.

(4) 갑자기 전화가 끊어진 걸 보니까 엘리베이터를 탔나 봐요.

(5) 친구들의 대화를 이해하지 못했지만 그냥 안 척하면서 같이 이야기했어요.

(6) 마크 씨가 평소답게 지각하는 걸 보니까 무슨 일이 있나 봐요.

(7) 음식에서 이상한 냄새가 나면 먹지 말지 그랬어요?

◉ 아래 그림을 보고 배운 문법과 표현을 사용해서 짧은 이야기를 만들어 보세요.

준이의 일기
오늘 엄마하고 병원에 갔다. 병원은 너무 무섭고
가기 싫은 곳이다. 하지만 …

어휘 늘리기

◉ 다음 단어에 대해 알아보고 친구와 함께 질문에 대답해 보세요.

꼭	꽉	딱	텅

손을 꼭 잡다　　버스에 사람이 꽉 차다　　옷이 딱 맞다　　교실이 텅 비다

1
- '꼭, 꽉, 딱, 텅'은 각각 어떤 의미를 나타낼까요?
- 다음 문장을 완성해 보세요.
  - 식당에 손님이 ＿＿＿＿＿＿＿＿＿ 앉을 자리가 없다.
  - 영화를 보다가 무서운 장면이 나와서 눈을 ＿＿＿＿＿＿＿＿＿.
  - 오늘 친구들하고 한강에 가기로 했는데 날씨가 ＿＿＿＿＿＿＿＿＿ 다행이다.
  - 배가 고픈데 냉장고가 ＿＿＿＿＿＿＿＿＿ 어떻게 해야 할지 모르겠다.
- '꼭'이나 '딱'과 어울리는 단어는 또 어떤 것이 있을까요?
  - 친구가 화가 났는지 입을 꼭 닫고 말을 안 한다.
  - 여행가기 딱 좋은 날씨네.

2

- 집돌이　　　・집순이
- 짠돌이　　　・짠순이
- 삐돌이　　　・삐순이
- …　　　　　・…

- 위 단어의 의미는 뭘까요?
- '돌이'와 '순이'는 어떻게 다를까요? 원래는 어떤 단어일까요?
- 여러분은 어떤 단어와 어울립니까?

차다

● 다음 그림이 나타내는 말을 보기 에서 찾아보고 그 의미를 생각해 보세요.

보기   ① 세월아 네월아   ② 엉덩이가 가볍다 / 무겁다

          ③ 성격이 불같다   ④ 입이 가볍다 / 무겁다

1 보기 에서 알맞은 말을 찾아 번호를 쓰세요.

(1) 성격이 매우 급하고 화를 잘 내다   (   )

(2) 말이 많고 비밀을 지키지 못하다   (   )

(3) 행동이 느리고 일도 천천히 하다   (   )

(4) 한 자리에 오래 있고 쉽게 일어나지 않는 편이다   (   )

2 어떤 말을 쓸 수 있을까요? 빈칸에 알맞은 말을 쓰고 이야기해 보세요.

(1) 가 그렇게 _____ 숙제를 하면 오늘 안에 다 할 수 있겠니?

    나 알겠어요. 지금부터 열심히 할게요.

(2) 가 언니는 아직도 친구 집에서 안 왔어?

    나 _____ –아/어서 한 번 앉으면 일어날 줄 모르거든. 공부를 그렇게 해야 하는 건데.

(3) 가 걱정스러운 표정이네요? 무슨 일이 있어요?

    나 우리 아버지께서 _____ –아/어서 시험을 잘 못 봤다고 말하기가 무서워요.

(4) 가 야, 그거 알아? 마크한테 여자 친구가 생겼대.

    나 또 누구한테 말했어? 너처럼 _____ –(으)ㄴ 애한테 마크는 왜 말했을까?

실전 말하기

| A-(으)ㄴ 게
V-는 게 | 분명해(요).
확실해(요).
틀림없어(요). | 설마(요). | 물론이지(요).
당연하지(요). |

● 위에 나온 표현을 생각하면서 대화를 읽어 보세요.

Track 20

> 가 엠마가 나한테 화가 난 게 틀림없어.
>
> 나 에이, 설마. 왜 그렇게 생각해?
>
> 가 수업 후에 같이 점심을 먹자고 했는데 계속 거절을 하더라고.
>
> 나 그냥 왜 거절하냐고 물어보지 그래?
>
> 가 어떻게 그래? 뭐, 나도 자연스럽게 물어보고 싶은데 잘 안 되더라고. 뭐 아는 거 없어?
>
> 나 얼마 전부터 아르바이트를 시작했댔는데 그냥 바쁜 거 아니야?
>
> 가 네 생각엔 엠마가 바빠서 그런 것 같아?
>
> 나 당연하지. 오늘 수업 시간에도 요즘 일이 많아서 좀 힘들댔어.

● 다음 표현을 사용해서 친구와 짧게 대화해 보세요.

| A-(으)ㄴ 게
V-는 게 | 분명해(요). / 확실해(요). / 틀림없어(요). | 확신하는 것에 대해 말할 때 |

> 가 첸은 빨간색을 좋아하는 게 분명해.
>
> 나 너도 그렇게 생각했어? 나도 첸한테 빨간색 물건이 많은 걸 보고 그럴 거라고 생각했어.

엠마, 연애하다	마크, 헤어지다	?

설마(요). 상대방이 말한 내용을 믿기 어려울 때

가 다음 학기부터 단어 시험이 없어진대.
나 에이, 설마.

파티마, 복권에 당첨되다	파비우, 학교를 그만두다	?

물론이지(요). / 당연하지(요). 상대방이 말한 것에 더 이야기할 필요 없이 긍정할 때

가 K-POP 좋아해?
나 물론이지! / 당연하지! 얼마나 좋아하는데!

떡볶이, 먹어 보다	커피, 마시다	?

● **위에서 배운 표현을 사용해 아래 상황에 대해 이야기해 보세요.**

> • 친구가 자기에게 화가 났다고 생각하는 친구와의 대화
> • 어떤 사람이 자기를 좋아한다고 생각하는 친구와의 대화
> • 남자/여자 친구에게 다른 사람이 생겼다고 생각하는 친구와의 대화

> 가 엠마가 나한테 화가 난 게 틀림없어.
> 나 에이, 설마. 왜 그렇게 생각해?
> 가 수업 후에 같이 점심을 먹자고 했는데 계속 거절을 하더라고.
> 나 얼마 전부터 아르바이트를 시작했댔는데 그냥 바쁜 거 아니야?
> 가 네 생각엔 엠마가 바빠서 그런 것 같아?
> 나 당연하지.

복권 ┊ 당첨되다

실전 쓰기

정의하기 어떤 말의 뜻을 설명할 때

● 정의할 때에는 다음과 같은 표현을 사용합니다.

> N1은/는   N2(이)라는, A-다는, V-ㄴ/는다는   뜻이다 / 말이다

● 아래 **보기** 와 같이 연습해 보세요.

> **보기**
>
> | 애완동물 / 반려동물 | 애완동물: 귀여워하며 키우는 동물
반려동물: 감정을 주고받으며 키우는 동물 |
> |---|---|
>
> → 나는 집에서 고양이를 키우고 있다. 이 이야기를 하면 '애완동물'이나 '반려동물' 같은 말을 듣게 된다. 이 말은 어떻게 다를까? **애완동물**은 귀여워하며 키우는 **동물이라는 뜻**이고 **반려동물**은 감정을 주고받으며 키우는 **동물이라는 말이다.** 비슷한 말인 것 같아도 뜻을 찾아보면 다른 점이 있기 때문에 요즘은 반려동물이라는 말을 사용한다.

1

방학 / 휴가	방학: 학교에서 한 학기가 끝나고 정해진 기간 동안 수업을 쉬는 것 휴가: 회사 등에서 일하는 사람이 며칠 정도 일하지 않고 쉬는 것

→ 한국어에는 비슷한 말이 많은 것 같다. '방학'과 '휴가'도 그렇다. ＿＿＿＿＿＿＿＿＿＿＿

＿＿

＿＿

2

통역사 / 번역가	통역사: 어떤 언어로 된 말을 다른 언어의 말로 바꿔 주는 사람 번역가: 어떤 언어로 된 글을 다른 언어의 글로 바꾸는 사람

→ 외국어를 한국어로 바꾸는 일을 하는 사람을 '통역사'라고 할 때도 있고 '번역가'라고 할 때도 있다.

＿＿

＿＿

번역가

3 와 같이 아래 단어의 뜻을 정리하고 간단한 글을 써 보세요.

보기

 제 성격이요? 저는 내성적인데 모든 일에 적극적인 편이에요.

내성적 / 적극적	**내성적:** 감정이나 생각을 잘 표현하지 않는 성격 **적극적:** 어떤 일을 할 때 시키지 않아도 스스로 하는 성격

→ 며칠 전에 카린 씨가 자기 성격에 대해 말했다. 나는 카린 씨의 말을 듣고 궁금한 것이 생겼다. 내성적인데 적극적인 것이 조금 이상했기 때문이다. 그래서 사전에서 뜻을 찾아보았다. '내성적'은 감정이나 생각을 잘 표현하지 않는 **성격이라는 뜻**이고 '적극적'은 어떤 일을 할 때 시키지 않아도 스스로 하는 **성격이라는 말이었다.** 친구가 한 말을 듣고 단어의 뜻을 찾아봐서 두 단어의 의미를 더 잘 이해할 수 있었다.

 주말에 한 일이요? 친구들과 한강에 갔어요. 정말 즐거웠고 날씨도 좋아서 다행이었어요.

즐겁다 / 다행이다	**즐겁다:** 마음에 들고 기쁘다 **다행이다:** 예상보다 나쁘지 않아서 좋다.

→ 며칠 전에 친구가 주말에 한강에 갔는데 즐거웠고 날씨도 좋아서 다행이었다고 했다. 비슷한 것 같은 이 두 단어의 뜻은 어떻게 다른지 궁금해서 _____

_____

_____

_____

_____

의미

CHAPTER

05

대인 관계

5-1 아르바이트를 하느라고 모임에 못 갔어요

- 다른 사람에게 부탁을 해 본 적이 있습니까? 어떤 부탁을 했습니까?
- 다른 사람의 부탁을 거절해 본 적이 있습니까? 어떻게 거절했습니까?
  거절한 적이 없다면 왜 거절 못 했습니까?

문법 1

V-느라(고)

선행절이 후행절에 대한 원인이나 이유를 나타낸다. 어떤 행동을 하는 데에 시간이 걸려서 뒤의 행동을 못 하거나 부정적인 상태가 될 때 사용한다.

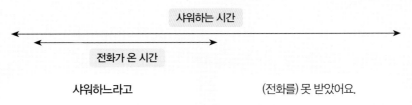

- 아침에 병원에 **가느라** 학교에 못 갔어요.
- 단어를 **외우느라** 숙제를 못 했어요.
- 부모님 선물을 **사느라** 돈을 다 썼어요.
- 시험 준비를 **하느라** 바빠요.

연습

● 문장을 만들어 보세요.

(1) 드라마를 보다 / 잠을 못 잤다

→ _____

(2) 학비를 내다 / 생활비가 부족하다

→ _____

(3) 늦게까지 일하다 / 힘들다

→ _____

1 보기 와 같이 이야기해 보세요.

보기   수업에 늦었다   집에 다시 갔다 오다

왜 수업에 늦었어요?

집에 다시 갔다 오느라 수업에 늦었어요.

(1) 선생님 설명을 못 들었다   수업 시간에 다른 생각을 하다

(2) 방학에 여행을 안 가다   고향에 가다

(3) 숙제를 안 했다   (   )

(4) (   )   데이트하다

2 보기 와 같이 누구인지 말해 보세요.

보기

요즘 지각을 많이 하는 걸 보니까 피곤한가 봐.

응, 밤늦게까지 공부하느라 피곤해.

친구의 행동	추측	이유
지각을 많이 하다	피곤하다	밤늦게까지 공부하다
만나기가 힘들다	바쁘다	이사할 집을 구하다
물건을 자주 잃어버리다	정신없다	
수업 시간에 자꾸 자다		

정신없다

문법 2

V-(으)ㄹ 걸 그랬다

시험을 잘 봤어요?

아니요, 잘 못 봤어요.
열심히 공부할 걸 그랬어요.

말하는 사람이 과거에 한 행동에 대한 후회나 아쉬움을 나타내는데 주로 말할 때 사용한다.

열심히 **공부할 걸** 그랬어요.

↓

하지 않아서 후회하는 것

- 비행기표를 미리 **예매할 걸** 그랬어요.
- 비가 오네요. 우산을 **가져올 걸** 그랬어요.
- 유학을 온 후 건강이 나빠졌는데 운동을 열심히 **할 걸** 그랬다.
- 커피를 마셔서 잠을 못 잤어요. 커피를 **마시지 말 걸** 그랬어요.

연습

● 문장을 만들어 보세요.

(1) 점심을 안 먹어서 배가 너무 고프다.

→ _____

(2) 오랫동안 운동을 안 해서 건강이 나빠졌다.

→ _____

(3) 쇼핑을 너무 많이 해서 돈이 없다.

→ _____

(4) 구두를 신어서 발이 아프다.

→ _____

1 보기 와 같이 이야기해 보세요.

보기   단어 시험 점수가 안 좋다, 단어를 열심히 외우다

단어 시험 점수가 안 좋네요.
단어를 열심히 외우지 그랬어요?

그러게요. 단어를 열심히
외울 걸 그랬어요.

(1) 선생님께서 화가 났다, 예의 바르게 행동하다

(2) 오늘도 지각이다, 택시를 타다

(3) 감기가 너무 심하다, (   )

(4) (   ), 거짓말을 하지 말다

2 후회되는 일이 있습니까? 하고 싶었는데 하지 못했거나, 하면 안 되는데 한 일에 대해 메모하고
보기 와 같이 이야기해 보세요.

보기

지난 학기에
후회되는 일이 뭐야?

나는 한국 친구가 별로 없어.
동아리에 가입할 걸 그랬어.

지난 학기	한국 친구가 별로 없다	동아리에 가입하지 않았다
어제	오늘 수업 시간에 졸았다	
학창 시절		예의 바르게 행동하다

예의 | 행동하다

대화

Track 21

● 대화를 듣고 따라 읽어 보세요.

카린 마크 씨, 부탁이 있는데요.

마크 부탁이요? 무슨 부탁이요?

카린 제가 콘서트 티켓을 사느라고 생활비를 다 썼는데 돈 좀 빌려줄 수 있어요?

마크 네? 돈이요? 아, 저도 이번 달에는 생활비가 부족할 것 같은데요.
      어디에 쓰려고요?

카린 그게… 제가 사고 싶은 옷이 세일을 하는데요. 쇼핑몰에 딱 하나 남았거
      든요. 빨리 안 사면 품절될 것 같은데….

마크 뭐라고요? 미안하지만 안 돼요. 곧 학비도 내야 해서 빌려주기가 곤란
      해요.

카린 참, 곧 학비도 내야 하죠? 완전히 잊고 있었어요.

마크 그러니까 돈이 없으면 미리 아르바이트를 하지 그랬어요?

카린 그러게요. 아르바이트를 할 걸 그랬어요.

품절 | 완전히

어휘와 표현

1 다음 단어에 대해 알아보고 빈칸에 알맞은 말을 쓰세요.

> 부탁을 하다   부탁을 받다   부탁을 거절하다   부탁을 들어주다

(1) (   )   (2) (   )

(3) (   )   (4) (   )

2 다음 단어와 의미가 맞는 것을 연결하세요.

(1) 착하다 •

(2) 솔직하다 •

(3) 어색하다 •

(4) 부담스럽다 •

(5) 기분이 상하다 •

• ㉮ 잘 모르거나 만나고 싶지 않은 사람을 만나서 불편하다

• ㉯ 어떤 일이나 상황이 하기 어려운 느낌이 있다

• ㉰ 거짓이나 꾸밈이 없다

• ㉱ 싫은 일이 생겨서 기분이 안 좋아지다

• ㉲ 마음이나 행동이 바르고 친절하다

오늘의 표현

A/V-(으)ㄹ 테니(까) 주어의 의지나 추측을 나타낼 때

- 부탁을 **들어줄 테니까** 맛있는 밥을 사 주세요.
- 비싼 선물을 주면 **부담스러울 테니까** 꽃을 삽시다.

듣고 말하기 1

◎ 여러분은 곤란한 부탁을 받아 본 적이 있습니까?

1 다음을 잘 듣고 대답해 보세요.

Track 22

(1) 엠마는 첸에게 무슨 부탁을 했습니까?

(2) 첸은 엠마의 부탁을 듣고 왜 곤란해했습니까?

(3) 여러분이 첸이라면 어떻게 할 것 같습니까?

순하다 | 돌보다

듣고 말하기 2

Track 23

1 다음을 잘 듣고 질문에 답하세요.

    (1) 두 사람은 무엇에 대해서 이야기하고 있습니까?

    (2) 사람들이 거절을 잘하지 못하는 이유는 무엇입니까?

    (3) 여자가 말한 세 가지 방법은 어떤 것입니까?

2 여러분의 생각을 이야기해 보세요.

    (1) 다른 사람의 부탁을 거절해 본 경험이 있습니까? 있다면 어떻게 거절했습니까?
       거절을 못 했다면 그 이유는 무엇입니까?

    (2) '착한 사람 증후군'을 들어 본 적 있습니까? 어떤 사람에게 이런 말을 쓸까요?

    (3) 여러분도 '착한 사람 증후군'입니까? 자신에게 해당되는 문장에 체크해 보세요

> ☐ 자신의 기분보다 다른 사람의 기분이 더 중요하다.
> ☐ 하고 싶은 말을 잘 못해서 답답하다.
> ☐ 상대방이 화를 내면 어떻게 해야 할지 모르겠다.
> ☐ 어떤 일을 정할 때는 보통 다른 사람의 의견을 따른다.
> ☐ 부탁을 못 들어주면 미안하고 불편하다.
> ☐ 부정적인 기분이나 감정을 잘 표현하지 않는다.

    ✓ 4개 이상인 경우 – 거절 못 하는 병에 걸렸네요!

상대방 | 피해를 주다 | 반대로 | 오히려 | 제때 | 우선 | 정확하다 | 직접적 | 돌려서 말하다
전달되다 | 오해하다 | 대안 | 제시하다 | 확실하다 | 거절당하다 | 덜 | 따르다

● 여러분은 다음과 같은 상황에서 어떻게 이야기하겠습니까? 보기 와 같이 친구의 부탁을 들어주거나 거절해 보세요.

보기

부탁 상황	나의 진짜 속마음
시험이 끝나서 친구가 같이 노래방에 가자고 한다.	어제 밤늦게까지 공부하느라 너무 피곤해서 빨리 집에 가서 쉬고 싶다.

→ 나도 노래방 너무 좋아해! 그런데 오늘은 너무 피곤해서 못 가겠어.
  내가 음료수 살 테니까 주말에 가자. 일요일은 어때?

❶

부탁 상황	나의 진짜 속마음
수업을 열심히 듣지 않은 친구가 내가 열심히 정리한 노트를 빌려달라고 한다.	시험도 얼마 남지 않았고, 내가 힘들게 정리한 노트라서 빌려주고 싶지 않다.

→

❷

부탁 상황	나의 진짜 속마음
성격도 나쁘고 인기도 없는 동아리 선배가 예쁜 내 친구를 소개해 달라고 한다.	친구를 정말 소개해 주고 싶지 않은데 동아리에서 계속 만나야 하는 선배라서 너무 곤란하다.

→

- 다른 사람 때문에 화가 나거나 기분이 나빴던 경험이 있습니까?
- 이렇게 기분이 상했을 때에는 어떻게 표현합니까?

문법 1

V-았/었더니

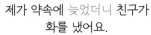

왜 친구가 화를 냈어요?

제가 약속에 늦었더니 친구가
화를 냈어요.

말하는 사람이 과거에 한 행동이나 말 때문에 어떤 결과가 생기거나 어떤 사실을 알게 됐을 때 사용한다. 보통
선행절의 주어는 '나'이다.

제가 약속에 **늦었더니**	친구가 화를 냈어요.
↓	↓
나의 행동	생긴 결과 / 알게 된 사실

· 열심히 **공부했더니** 장학금을 받게 됐어요.
· 아침 일찍 학교에 **갔더니** 문이 닫혀 있었어요.
· 동생에게 지금 **어디냐고 했더니** 집이라고 했어요.

연습

● 문장을 만들어 보세요.

(1) 내가 농담을 하다 / 친구들이 웃었다

→ _____

(2) 밥을 급하게 먹다 / 소화가 안되다

→ _____

(3) 비행기표를 찾아보다 / 매진이었다

→ _____

1 보기 와 같이 이야기해 보세요.

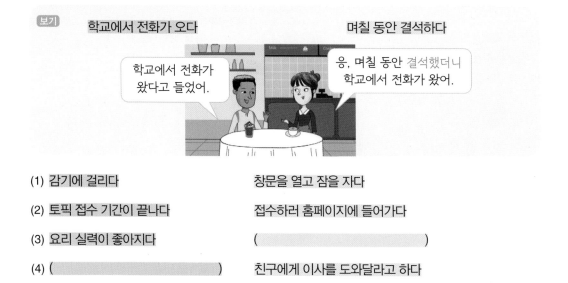

보기

학교에서 전화가 오다   며칠 동안 결석하다

학교에서 전화가 왔다고 들었어.

응, 며칠 동안 결석했더니 학교에서 전화가 왔어.

(1) 감기에 걸리다   창문을 열고 잠을 자다

(2) 토픽 접수 기간이 끝나다   접수하러 홈페이지에 들어가다

(3) 요리 실력이 좋아지다   (　　　　　　　　　　　　)

(4) (　　　　　　　　　　　　)　　　　친구에게 이사를 도와달라고 하다

2 유학 생활을 하면서 경험한 것 중에서 친구에게 조언해 주고 싶은 것이 있습니까? 보기 와 같이 이야기해 보세요.

보기

유학 생활에 대해 해 주고 싶은 조언이 있어요?

술을 많이 마시지 마세요. 술을 많이 마셨더니 건강이 나빠졌거든요.

한국어 사전 앱을 사용해 보세요. 사전 앱을 사용했더니 빨리 단어를 찾을 수 있어서 편리하더라고요.

나의 행동	결과	조언
술을 많이 마시다	건강이 나빠지다	😄✗
한국어 사전 앱을 사용하다	단어를 찾을 수 있어서 편리하다	✓🙁
		😄🙁
		😄🙁

문법 2

V-게

포장해 드릴까요?

네, 깨지지 않게 포장해 주세요.

어떤 행동이나 노력으로 기대하는 결과를 말할 때 사용한다.

깨지지 않게   포장해 주세요

↓   ↓

기대하는 결과   행동, 노력

- 뒤에서도 **들리게** 크게 말했어요.
- 꿈을 **이룰 수 있게** 열심히 노력하려고 해요.
- 감기에 **걸리지 않게** 옷을 따뜻하게 입으세요.

연습

● 문장을 만들어 보세요.

(1) 밤에 배고프지 않다 / 저녁을 많이 먹다

→ _____

(2) 부탁을 거절할 수 없다 / 선물을 보냈다

→ _____

(3) 빨리 도착할 수 있다 / 택시를 타려고 하다

→ _____

활동

1 보기 와 같이 이야기해 보세요.

보기
한 번 더 설명하다　　　　　　　　　　　이해할 수 있다

한 번 더 설명해 줄까요?

네, 이해할 수 있게
한 번 더 설명해 주세요.

(1) 남은 음식을 냉장고에 넣다　　　　　상하지 않다

(2) 소식을 대신 전하다　　　　　　　　마크 씨가 알 수 있다

(3) (　　　　　　　　　　　　　　　)　감기에 걸리지 않다

(4) 제가 아침에 전화하다　　　　　　　(　　　　　　　　　)

2 이번 학기에 이루고 싶은 목표가 있습니까? 보기 와 같이 이야기해 보세요.

보기

이번 학기에 꼭 하고
싶은 일이 있어요?

진급하고 싶어요.
그래서 진급할 수 있게 열심히 공부하려고 해요.
그래서 유급하지 않게 열심히 공부하려고 해요.

하고 싶은 일	결과	노력
진급하고 싶다	진급하다 / 유급하다	열심히 공부하다
이사하고 싶다	중간시험이 끝나자마자 이사하다	미리 준비하다
룸메이트와 사이좋게 지내다	룸메이트와 싸우다	약속을 잘 지키다

대화

Track 24

엠마   서준 씨, 첸 씨와 요즘도 말을 안 해요?

서준   아니요, 제가 미안하다고 했더니 첸 씨가 괜찮다고 했어요.

엠마   다행이네요. 그런데 왜 첸 씨와 싸웠어요?

서준   제가 시험을 준비하느라 너무 바빠서 요즘 집안일을 못 했거든요.

엠마   서준 씨가 바쁘면 첸 씨가 해도 될 텐데요.

서준   같이 살기로 약속했을 때부터 첸 씨가 요리와 빨래, 제가 설거지와 청소를
       하기로 했어요.

엠마   아, 그렇군요. 그럼 서준 씨가 잘못했네요.

서준   네, 저도 그렇게 생각하기는 했지만 첸 씨가 화를 내니까 저도 화가 나서
       말을 좀 심하게 했어요.

엠마   서준 씨가 잘못한 건데 그러지 말지 그랬어요?

서준   그러게요. 다음부터는 싸우지 않게 약속을 꼭 지킬 거예요.

어휘와 표현

1 다음 단어에 대해 알아보고 빈칸에 알맞은 말을 쓰세요.

> 잘못하다　　화해하다　　화를 내다　　사과하다　　화가 풀리다

(1) (　　　　　　　　　)　　(2) (　　　　　　　　　)　　(3) (　　　　　　　　　)

(5) (　　　　　　　　　)　　(4) (　　　　　　　　　)

2 다음 단어와 의미가 맞는 것을 연결하세요.

(1) 진심　　　　　•
　　진심으로 사과하다

(2) 사이　　　　　•
　　사이가 멀어지다

(3) 인정하다　　•
　　잘못을 인정하다

(4) 어기다　　　•
　　약속을 어기다

(5) 다투다　　　•
　　친구와 다투다

•　㉮ 두 사람의 관계

•　㉯ 거짓이 없는 진짜 마음

•　㉰ 서로의 생각이 달라 말하며 싸우다

•　㉱ 어떤 사실에 대해 그렇다고 생각하다

•　㉲ 규칙, 명령, 약속 등을 지키지 않다

오늘의 표현

V-아/어다(가) 앞 행동의 결과물을 가지고 다른 장소로 이동해서 뒤의 행동을 할 때.

• 친구가 **사다** 달라고 부탁했던 걸 잊어버려서 다퉜어요.
• 친구가 놓고 간 휴대폰을 **가져다가** 줬더니 화를 풀었어요.

152

읽고 말하기 1

◎ 가족이나 친구처럼 가까운 사이의 사람들과 싸우거나 다퉜을 때에는 어떻게 합니까? 화해하기 위해 어떤 노력을 해 봤습니까?

1 다음을 읽고 대답해 보세요.

> 유학 생활은 돈이 많이 들 뿐만 아니라 외롭다. 그래서 많은 유학생들이 외로움을 느끼지 않고 돈도 절약할 수 있게 룸메이트와 함께 살기로 결심한다. 나도 룸메이트와 함께 살면 돈도 절약할 수 있고 외롭지 않을 것 같아서 룸메이트를 구했다. 하지만 다른 사람과 함께 사는 것은 쉬운 일이 아니었다. 약속을 어기거나 집안일을 미루는 룸메이트 때문에 화가 날 때가 많았다. 또 내가 사다가 놓은 간식을 룸메이트가 말도 없이 다 먹어서 기분이 상한 적도 있었다. 이렇게 하나부터 열까지 안 맞는 룸메이트와 살았더니 불만이 쌓였고 결국 사이가 멀어지게 되었다. 다시 룸메이트와 사이 좋게 지내고 싶어서 어떻게 하면 좋을지 인터넷을 검색해 봤더니 이런 방법들이 있었다.

(1) 룸메이트와 함께 살기로 결심하는 이유는 무엇입니까?

(2) 이 글의 뒤에는 어떤 내용이 나올 거라고 생각합니까?

(3) 룸메이트와 함께 살아 본 적이 있습니까? 어떻게 하면 사이 좋게 지낼 수 있을까요?

절약하다 | 불만 | 쌓이다

읽고 말하기 2

● 다음은 인터넷에 '친구들과 화해하는 법'을 물어본 새내기의 글입니다.

제목: 제발 도와주세요.   ID: 새내기

　안녕하세요? 올해 대학에 입학한 새내기입니다. 이번 학기에 처음으로 같은 학과 친구들과 발표 과제를 하게 되었습니다. 제가 대표로 발표를 맡아서 일찍 갔어야 했는데 어제 술을 너무 많이 마셨더니 힘들어서 일어날 수 없었습니다.. 일어나자마자 친구들이 준비할 수 있게 전화를 했어야 했는데 서두르면 시간에 맞춰 갈 수 있을 것 같아서 연락하지 않았습니다. 급하게 집에서 나와 택시를 탔는데 길이 너무 막혀서 수업이 끝난 후에 학교에 도착했습니다. 제가 사과를 했는데 친구들은 화를 풀지 않았습니다. 친구들에게 사과를 하고 화해를 하고 싶은데 어떻게 해야 할까요? 제발 좋은 방법을 알려 주세요.

　┗ ID: 무조건 사과해

　친구들이 사과를 받아 줄 때까지 잘못했다고 사과하세요. "미안해. 다시는 안 그럴게. 정말 잘못했어."라고 계속 말하면 친구들이 귀찮아서 화를 풀 거예요.

　┗ ID: 변명이 최고다

　무조건 사과하면 진심이 느껴지지 않으니까 좋은 방법이 아닌 것 같아요. 변명을 해 보는 게 어떨까요? 저도 예전에 늦잠을 자느라고 친구와의 약속에 늦은 적이 있는데 그때 길이 막혀서 어쩔 수 없었다고 했더니 친구가 화를 내지 못하더라고요.

　┗ ID: 시간이 약이야

　변명을 하면 오히려 더 화가 나지 않을까요? 우선 친구들의 화가 풀릴 때까지 기다리세요. 화가 났을 때 연락을 하면 더 화가 날 수 있어요. 시간이 좀 지난 후에 친구들의 화가 풀렸을 것 같을 때 연락을 해 보세요.

　┗ ID: 선물은 거절할 수 없지

　사과하지 않고 그냥 기다리면 과연 친구들이 화를 풀까요? 연락이 없는 시간 동안 친구들은 점점 더 화가 나서 사이가 완전히 멀어지게 될 거예요. 작은 선물을 하거나 맛있는 밥을 사 주는 게 어떨까요? 그러면 친구들도 화를 풀 수밖에 없지 않을까요?

---

1 질문에 답하세요.

(1) 'ID: 무조건 사과해'는 왜 무조건 사과를 해야 한다고 했습니까?

(2) 'ID: 변명이 최고야'는 예전에 어떤 변명을 해 본 적이 있습니까?

(3) 'ID: 시간이 약이야'가 시간이 지난 후에 사과해야 한다고 말한 이유는 무엇입니까?

(4) 'ID: 선물은 거절할 수 없지'는 어떤 방법을 최고의 사과 방법으로 추천했습니까?

2 여러분의 생각을 이야기해 보세요.

(1) '시간이 약이다'는 어떤 뜻인 것 같습니까? 어떤 상황에 이 말이 어울린다고 생각합니까?

(2) 여러분이 'ID: 새내기'와 함께 발표 준비를 함께 한 친구라면 어떤 방법이 가장 나쁜 사과 방법이라고 생각합니까? 그렇게 생각한 이유는 무엇입니까?

(3) 사과를 받았지만 오히려 기분이 나빠진 경험이 있습니까? 그때 왜 오히려 기분이 나빠졌다고 생각합니까?

(4) 여러분이 생각하는 가장 좋은 사과 방법은 무엇입니까?

제발　새내기　학과　과제　맡다　맞추다　무조건　변명하다　과연

 **5-3** 한 단계 오르기

생각해 봅시다

◉ 다음 어휘와 문법 중 잘 이해하고 있는 것에 표시(✓)하세요.

☐ 과연	☐ 오히려	☐ 다투다
☐ 사과하다	☐ 화해하다	☐ 거절하다
☐ 인정하다	☐ 변명하다	☐ 잘못하다
☐ 어색하다	☐ 부담스럽다	☐ 약속을 어기다

☐ 아침에 화장을 **하느라고** 밥을 못 먹었어요.

☐ 밤에 휴대폰을 보지 말고 일찍 **잘 걸 그랬다.**

☐ 오후에 비가 **올 테니까** 우산을 가지고 가세요.

☐ 방학 동안 고향에 가서 한국말을 **사용 안 했더니** 문법을 많이 잊어버렸어요.

☐ 아기가 잠에서 **깨지 않게** 조용히 해 주세요.

☐ 오늘은 요리하기가 너무 귀찮아서 편의점 김밥을 **사다 먹었다.**

◉ 아래의 문장을 보고 보기 와 같이 이야기해 보세요.

한국어를 배운 지 얼마 안 돼서 한국어를 잘못해요.

보기

'잘못해요'랑 '잘 못해요'는 다른 의미니까 이 문장은 틀린 것 같아요.

그렇네요. 글자는 같지만 띄어쓰기가 다르니까 조심해야겠어요.

1 다음 중 단어가 어색하게 쓰인 문장이 없는지 친구와 이야기해 보세요.

(1) 친구가 약속에 늦었는데 과연 나에게 화를 냈다.

(2) 친구의 부탁을 거절했더니 사이가 어색해졌다.

(3) 그 사람은 다른 사람과의 약속을 반드시 어기는 사람이니까 믿을 수 있어요.

(4) 그 직원은 자신의 잘못을 솔직하게 인정하고 변명했다.

(5) 사귄 지 얼마 안 된 남자 친구가 부모님을 만나자고 해서 너무 부담스러워요.

2 다음 중 문법이나 표현이 어색하게 쓰인 문장이 없는지 친구와 이야기해 보세요.

(1) 아프느라고 학교에 못 갔어요.

(2) 열심히 공부하느라고 시험을 잘 봤어요.

(3) 운동을 안 했더니 건강이 나빠졌어요. 운동을 좀 하지 그랬어요.

(4) 오후에 손님이 올 테니까 청소를 할까요?

(5) 파비우 씨가 드라마를 열심히 보더니 듣기가 좋아졌어요.

(6) 감기에 걸리게 손을 자주 씻고 몸을 따뜻하게 하세요.

(7) 친구가 아프다고 해서 약을 사다가 줬더니 고마워했다.

● 아래 그림을 보고 배운 문법과 표현을 사용해서 짧은 이야기를 만들어 보세요.

며칠 전에 친구에게 카메라를 빌렸는데 실수로 카메라를 떨어뜨려서 고장이 났다.

어휘 늘리기

◉ 다음 단어에 대해 알아보고 친구와 함께 질문에 대답해 보세요.

(가)   (나)

하다 ——< 기대 / 걱정 >—— 되다

내다 ——< 사고 / 고장 >—— 나다

풀다 ——< 화 / 스트레스 >—— 풀리다

쌓다 ——< 경험 / 실력 >—— 쌓이다

· (가)와 (나)의 다른 점은 무엇입니까?

· 아래 단어는 (가)와 (나) 중에서 어떤 단어와 함께 쓸 수 있습니까?

시간	포인트	피로	포함

· 위의 표현을 사용해 묻고 대답해 보세요.

  – 요즘 가장 걱정되는 일이 뭐예요?

  – 사용하던 물건이 고장 나면 어떻게 해요?

  – 교통사고가 난 적이 있어요?

  – 어떻게 스트레스를 풀어요?

  – 한국어 실력을 쌓기 위해 어떻게 노력하고 있어요?

  – 이번 학기에 기대되는 일이 있어요?

  – 내가 화가 났을 때 친구가 어떻게 하면 화가 풀려요?

  – _____

  – _____

○ 다음 그림이 나타내는 말을 보기 에서 찾아보고 그 의미를 생각해 보세요.

보기   ① 호구로 보다   ② 사흘이 멀다 하고
       ③ 지는 게 이기는 거다   ④ 손이 발이 되도록 빌다

① 보기 에서 알맞은 말을 찾아 번호를 쓰세요.

(1) 매우 열심히 사과하다   (   )

(2) 어떤 일이 매우 자주 일어날 때   (   )

(3) 이용하기 좋은 사람으로 생각하다   (   )

(4) 져 주는 것이 오히려 이기는 것이다   (   )

② 어떤 말을 쓸 수 있을까요? 빈칸에 알맞은 말을 쓰고 이야기해 보세요.

(1) 가 어! 왜 친구 전화를 안 받아요?

    나 _____ 부탁을 하거든요.
       부탁을 거절하는 것도 귀찮아서 전화를 받지 않게 됐어요.

(2) 가 얼굴이 안 좋아 보이는데 무슨 일 있어요?

    나 제가 발표 수업에 늦었더니 친구들이 화가 많이 났거든요.
       _____ –았/었는데 화를 풀지 않아서 고민이에요.

(3) 가 오늘은 누구 잘못이 더 큰지 끝까지 이야기해 봐야겠어.

    나 한국에는 '_____'라는 말이 있어요.
       서로 기분이 상하면 사이가 멀어질 수 있으니까 먼저 져 주세요.

(4) 가 친구의 부탁을 들어주느라고 내가 해야 할 일은 못 했는데 친구는 그동안 놀러갔더라고.

    나 네 친구가 너를 _____ –았/었네.
       다음부터는 들어주기 곤란한 부탁은 거절해.

실전 말하기

A-아/어(서) 죽겠다	어떡하지(요)? 뭘(요). / 별말씀을(요). / 별일도 아닌데(요).

◎ 위에 나온 표현을 생각하면서 대화를 읽어 보세요.

Track 25

> 가 왜 어제 전화 안 받았어?
>
> 나 미안. 어제는 공부하느라 전화 온 걸 몰랐어.
>
>   근데, 왜? 무슨 일 있어?
>
> 가 발표 준비를 하느라 힘들어 죽겠어. 나 좀 도와줘.
>
> 나 어떡하지? 내일 중요한 시험이 있어서 오늘은 시간을 내기가 곤란해.
>
> 가 하지만 지난번에 내가 너 도와줬더니 부탁할 게 있으면 말만 하라고 했었는데….
>
>   기억 안 나?
>
> 나 기억나긴 하지. 근데 오늘은 진짜 바빠. 그 대신 내일 도와줄게.
>
> 가 진짜? 정말 고마워.
>
> 나 뭘, 별일도 아닌데. 내일 시험 끝나고 연락할게.

◎ 다음 표현을 사용해서 친구와 짧게 대화해 보세요.

A-아/어(서) 죽겠다	현재의 정도가 아주 심할 때

> 가 점심 맛있게 먹었어?
>
> 나 응, 점심을 하도 많이 먹었더니 배불러 죽겠어.

| 땀을 많이 흘리다 /
에어컨이 고장 나다 | 방학을 잘 보내고 있다 /
친구들이 고향에 돌아가다 | ? |

어떡하지(요)?　가볍게 거절할 때

가　주말에 집에 놀러 가도 돼?

나　어떡하지? 룸메이트가 싫어해서 곤란할 것 같은데.

| 노트북을 쓰다 | 여행을 따라가다 | ? |

뭘(요). / 별말씀을(요).
/ 별일도 아닌데(요).　상대방의 감사 인사에 겸손하게 대답할 때

가　발표 준비를 도와줘서 정말 고마워요.

나　뭘요, 별일도 아닌데요.

| 데려다주다 | 컴퓨터를 고치다 | ? |

● 위에서 배운 표현을 사용해 아래 상황에 대해 이야기해 보세요.

- 발표 준비를 힘들어하는 친구와 내일 중요한 시험이 있는 친구의 대화
- 아르바이트 때문에 잠을 못 자서 졸린 친구와 고향에서 가족이 오는 친구의 대화
- 혼자 집안일을 해서 짜증이 난 친구와 회사 일 때문에 퇴근을 못 하는 친구의 대화

가　발표 준비를 하느라 힘들어 죽겠어. 나 좀 도와줘.

나　어떡하지? 내일 중요한 시험이 있어서 오늘은 시간을 내기가 곤란해.

가　하지만 지난번에 내가 너 도와줬더니 부탁할 게 있으면 말만 하라고 했었는데….

나　근데 오늘은 진짜 바빠. 그 대신 내일 도와줄게.

가　진짜? 정말 고마워.

나　뭘, 별일도 아닌데.

실전 쓰기

예시하기 앞의 내용을 구체적으로 설명할 때

◎ 예시를 나타낼 때는 다음과 같은 표현을 사용합니다.

- 예를 들어(서)
- 예를 들면

◎ 아래 보기 와 같이 연습해 보세요.

> 보기 거절을 잘 하는 방법: 대안을 제시한다. (어떻게?)
>
> → 거절을 잘 하는 방법 중 하나는 대안을 제시하는 것이다. **예를 들어** 친구가 갑자기 공부를 도와달라고 했을 때 "오늘은 일이 있어서 안 되지만 내일은 어때?"라고 대안을 제시하면 친구도 기분 나빠하지 않을 것이다.

1 스트레스를 푸는 나만의 방법: 간식을 먹으면서 드라마 보기

→ 나에게는 스트레스를 푸는 나만의 방법이 있다. **예를 들면** _____

_____

_____

_____

_____

_____

● 가정할 때는 다음과 같은 표현을 사용합니다.

- (만약) –(았/었)다면 어땠을까?
- (만약) –(았/었)다면 –(았/었)을 텐데

● 아래 보기 와 같이 연습해 보세요.

> 보기 내가 한 일: 한국어 공부가 힘들어서 유학을 포기하고 고향에 돌아갔다.
> 가정: 만약 내가 계속 한국에 있었다면?
>
> → 나는 몇 년 전에 한국에 유학을 온 적이 있었다. 그때는 외국에서 처음 혼자 사니까 고향도 그립고 한국어 공부도 힘들어서 금방 유학을 포기하고 고향에 돌아갔다. 하지만 시간이 지나니까 유학을 포기한 것이 후회됐고 결국 다시 유학을 오게 되었다. **만약** 그때 내가 유학을 포기하지 않고 계속 한국에 **있었다면 어땠을까? 그랬다면** 지금쯤 한국어 실력이 아주 **좋을 텐데** 아쉽다.

❶ 내가 하지 않은 일: 집안일 때문에 룸메이트와 크게 싸웠는데 사과하지 않았다.
　　　　가정: 만약 내가 먼저 사과했다면?

→ _____

_____

_____

_____

_____

_____

music

CHAPTER

06

음식

6-1 요리책에 나와 있는 대로 만들면 돼요

- 만들 줄 아는 음식이 있습니까? 그 음식은 어떻게 만듭니까?
- 직접 만들어 보고 싶은 한국 음식이 있습니까? 이야기해 보세요.

문법 1

V-는 대로

김치찌개가 정말 맛있네요.

어머니가 옆에서 가르쳐 주시는 대로 **끓였거든요**.

선행절의 행동이나 내용을 후행절에서 그대로 따라하거나 그 내용과 같다는 것을 표현할 때 사용한다.

어머니가 **끓이시는 대로**	끓였어요
어머니가 **가르쳐 주시는 대로**	
↓	↓
행동 / 행동의 내용	따라함

- 제가 **그리는 대로** 똑같이 그려 보세요.
- 그 영화는 네가 **말한 대로** 정말 재미있었어.
- 왕타오 씨가 **들은 대로** 말씀하시면 됩니다.
- 네가 **하고 싶은 대로** 해.

 'V-고 싶다' 형태의 형용사도 사용함

N대로

- 리나 씨 **마음대로** 골라 보세요.
- **예상대로** 이번 시험은 정말 어려웠어.

 약속, 계획, 예정, 순서, 차례, 번호, 설명서, 안내(문), 공지 등 주로 내용이 포함된 명사를 사용함

연습

● 문장을 만들어 보세요.

(1) 친구가 먹다 / 비빔밥을 먹다

→ _____

(2) 다른 사람이 가다 / 따라갔다

→ _____

(3) 선생님이 설명해 주셨다 / 문제를 풀었다

→ _____

1 보기 와 같이 이야기해 보세요.

보기

말할 때 발음이 틀리다   선생님이 발음하다, 따라 하다

> 말할 때 발음이 틀릴까 봐 걱정돼요.

> 선생님이 발음하는 대로 따라 하면 되니까 걱정하지 마세요.

(1) 작문 숙제를 잘 못하다   책을 읽고 느꼈다, 쓰다

(2) 길을 잃어버리다   내가 알려주다, 가다

(3) (   )   그동안 연습했다, 발표하다

(4) 물건을 사용하다가 고장을 내다   (   ), (   )

2 사진을 보고 보기 와 같이 이야기해 보세요.

보기

가 된장찌개를 만들고 싶은데 어떻게 해야 하는지 모르겠어요.

나 이 요리책에 나온 대로 해 보세요.
쉽고 간단해서 누구나 따라할 수 있어요.

가 알겠어요. 그대로 해 봐야겠어요.

(1) 옷   (2) 맛집   (3) 발음 연습   (4) 요가

문법 2

A-다면서(요)? V-ㄴ/는다면서(요)?

엠마 씨, 한국 요리도 잘한다면서요?

아니에요. 한국 요리는 아직 잘 못 해요.

> 다른 사람에게 들었거나 이미 알고 있는 내용을 상대방에게 확인하며 물을 때 사용한다.

한국 요리도 **잘한다면서요?**

↓

확인할 내용

- 어젯밤에 비가 많이 **왔다면서요?** 자느라고 전혀 몰랐어요.
- 이번 방학에 제주도에 **갈 거라면서?**
- 첸 씨 강아지가 그렇게 **귀엽다면서요?**
- 언니가 **의사라면서요?**

연습

● 문장을 만들어 보세요.

(1) 매일 아침마다 운동을 하다

→ _____

(2) 새로 시작한 드라마가 재미있다

→ _____

(3) 다음 주부터 방학이다

→ _____

활동

1 보기 와 같이 이야기해 보세요.

보기
아버지가 많이 아프다   고향에 돌아가다

아버지께서 많이 아프시다면서요?

네, 그래서 고향에 돌아갈 수밖에 없어요.

(1) 첸 씨가 약속에 항상 늦다   친구들이 화를 내다

(2) 학비가 오를 것이다   아르바이트를 하다

(3) (   )   매일 복습을 하다

(4) 어머니가 선생님이다   (   )

2 친구의 고향은 어디입니까? 그곳에 대해서 여러분이 알고 있는 것이 있습니까? 보기 와 같이 이야기해 보세요.

보기
서준 씨, 고향이 어디예요?

제 고향은 부산이에요.

부산은 겨울에도 눈이 안 온다면서요?

네, 하지만 올 때도 있어요.

★ 친구의 고향 : (   )

날씨	겨울에도 눈이 안 오다
교통	
음식	
관광지	

대화

● 대화를 듣고 따라 읽어 보세요.

엠마   첸 씨, 이건 무슨 음식이에요?

             떡볶이랑 비슷한데 제가 먹던 떡볶이랑 좀 다른 것 같아요.

첸   그렇죠? 요즘 유행하는 떡볶이인데 '로제 떡볶이'라고 해요.

             떡볶이 양념에 크림을 넣어서 맵지 않고 맛있어요.

엠마   네, 저처럼 매운 음식을 잘 못 먹는 사람도 좋아할 것 같아요.

첸   맞아요. 그래서 특별히 만들어 봤어요.

엠마   정말 맛있어요. 첸 씨, 요리를 잘하네요.

첸   아니에요. 동영상에서 나오는 대로 따라 했더니 아주 쉽더라고요.

             엠마 씨는 한국 요리에도 관심이 있다면서요?

             나중에 한 번 만들어 보세요.

엠마   네, 저도 이번 주말에 떡을 사다가 만들어 봐야겠어요.

양념

어휘와 표현

1 다음 단어에 대해 알아보고 빈칸에 알맞은 말을 쓰세요.

| 썰다 | 섞다 | 삶다 | 찌다 | 볶다 | 다지다 | 튀기다 | 부치다 | 굽다 |

(1) 양파를 (   )

(2) 마늘을 (   )

(3) 재료를 (   )

(4) 채소를 (   )

(5) 고기를 (   )

(6) 새우를 (   )

(7) 계란을 (   )

(8) 만두를 (   )

(9) 전을 (   )

오늘의 표현

V-기만 하다
V-기만 하면 되다
다른 행동은 하지 않고 한 가지 행동만 하거나 한 가지 행동만 하면 일이 모두 끝날 때

• 오늘 식당 아르바이트 첫날이었는데 하루 종일 양파를 **썰기만 했어요.**

• 재료 준비는 다 끝났으니까 **볶기만 하면 돼요.**

양파 | 마늘 | 새우 | 만두 | 전

● 한국에서 이런 음식을 먹어 본 적이 있습니까? 이 음식은 어떻게 요리할까요?

1 다음을 잘 듣고 대답해 보세요.

Track 27

(1) 두 사람은 무엇에 대해 이야기하고 있습니까?

(2) 두 사람이 한국 사람들의 행동을 보고 이해하지 못하는 것은 무엇입니까?

(3) 다음은 한국 사람들이 식사 후에 먹는 음식입니다. 여러분 나라에서는 어떤 음식을 식사 후에 먹습니까?

후식 | 추가하다

듣고 말하기 2

1 다음을 잘 듣고 질문에 답하세요.

(1) 빈은 왜 미역국 끓이는 법을 배우려고 합니까?

(2) 그림을 보면서 미역국을 만드는 순서대로 이야기해 보세요.

(3) 한국 사람들은 왜 생일에 미역국을 먹습니까?

(4) 한국 사람들은 왜 시험 보는 날 미역국을 먹지 않습니까?

2 여러분의 생각을 이야기해 보세요.

(1) 여러분이 한국 음식에 대해서 재미있다고 생각하거나 궁금했던 것이 있습니까?

(2) 한국 음식을 만들어 본 경험이 있으면 이야기해 보고, 한국 음식의 특징에 대한 자신의 생각을 이야기해 보세요.

마르다 ┃ 불리다 ┃ 간을 하다 ┃ 영양분 ┃ 회복하다 ┃ 자식 ┃ 바라다 여러분 나라에서 생일이나 결혼식, 다른 특별한 날 먹거나 먹으면 안 되는 음식이 있습니까?
그 이유는 무엇입니까?

	꼭 먹어야 하는 음식	먹으면 안 되는 음식
언제		
이유		

한국에서 살다 보니까 익숙해지더라고요

- 가장 좋아하는 한국 음식은 무엇입니까? 그 음식은 어떻게 먹어야 합니까?
- 한국에서 식당에 가거나 식사를 할 때 여러분 나라와 다른 것은 무엇입니까?

문법 1

V-다(가) 보니(까)

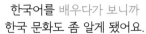

한국 문화를 잘 아네요?

한국어를 배우다가 보니까 한국 문화도 좀 알게 됐어요.

어떤 행동을 하는 과정에서 생긴 변화나 새로 알게 된 사실을 말할 때 사용한다. 선행절은 과거부터 지금까지 여러 번 반복한 행동 또는 일정 시간 이상 지속된 행동과 함께 쓰고 후행절은 그 행동의 반복이나 지속이 원인이 되어 생긴 새로운 상태, 깨닫게 된 새로운 사실을 쓴다.

한국어를 **배우다가 보니까**	한국 문화도 좀 알게 됐어요.
↓	↓
어떤 일의 반복 어떤 일을 하는 과정	새롭게 변화된 상태 새롭게 안 사실

- 주말마다 등산을 **하다가 보니까** 건강해졌어요.
- 쓰기 연습을 **하다 보니까** 자신감이 생겨요.
- 친구랑 **놀다 보니까** 지하철이 끊겼어요.

연습

◉ 문장을 만들어 보세요.

(1) 한국 드라마를 보다 / 듣기 실력이 늘었다

→ _____

(2) 한국어로 된 책을 읽다 / 한국어 공부에 도움이 되다

→ _____

(3) 친구와 이야기하다 / 좋은 생각이 났다

→ _____

1 보기와 같이 이야기해 보세요.

보기   입원하다   계속 늦게까지 공부하다, 몸이 안 좋아지다

왜 입원했어요?

계속 늦게까지 공부하다가 보니까
몸이 안 좋아졌어요.

(1) 집까지 걸어오다   생각하면서 걷다, 집에 도착하다

(2) 한국어를 배우게 되다   한국 음악을 듣다, 한국어가 배우고 싶어지다

(3) 눈이 나빠지다   (   ), 눈이 나빠지다

(4) 그 사람이랑 사귀기로 하다   (   ), (   )

2 그림을 보고 보기와 같이 이야기해 보세요.

보기
매일 단어를 외우다가 보니까 시험 점수가 올랐어요.
복습을 열심히 하다 보니까 성적이 좋아졌어요.

문법 2

N(이)라도

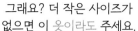

손님, 죄송하지만 이 옷보다 작은 사이즈는 없는데요.

그래요? 더 작은 사이즈가 없으면 이 **옷이라도** 주세요.

최선은 아니지만 그런대로 괜찮다는 것을 말할 때 사용한다.

더 작은 사이즈가 없으면   이 **옷이라도** 주세요.

↓   ↓

가장 원하는 것   가장 원하는 것은 아니지만 괜찮은 것

- 졸린데 해야 할 게 너무 많네요. **커피라도** 좀 마셔야겠어요.
- 방학 때 고향에는 못 가니까 **부산에라도** 다녀오고 싶다.
- 도서관에 자리가 없으면 **카페에서라도** 공부할까?

연습

● 문장을 만들어 보세요.

(1) 주스가 없다 / 녹차, 드세요

→ _____

(2) 검은색 옷이 다 팔렸다 / 파란색 옷, 사야겠다

→ _____

(3) 한강 공원이 멀다 / 집 근처 공원, 갑시다

→ _____

1 보기 와 같이 이야기해 보세요.

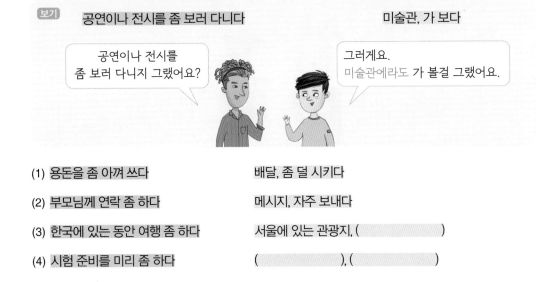

보기   공연이나 전시를 좀 보러 다니다   미술관, 가 보다

공연이나 전시를
좀 보러 다니지 그랬어요?

그러게요.
미술관에라도 가 볼걸 그랬어요.

(1) 용돈을 좀 아껴 쓰다   배달, 좀 덜 시키다

(2) 부모님께 연락 좀 하다   메시지, 자주 보내다

(3) 한국에 있는 동안 여행 좀 하다   서울에 있는 관광지, (　　　　　　　　)

(4) 시험 준비를 미리 좀 하다   (　　　　　　), (　　　　　　)

2 친구들의 말을 듣고 보기 와 같이 이야기해 보세요.

보기

듣기 점수가 안 좋아서
걱정이에요.

듣기 점수가 안 좋으면 한국
음악이라도 들어 보세요.

듣기 점수가 안 좋아서 걱정이에요.	한국 음악을 듣다
3급은 2급보다 어렵네요. 유급하면 어떡하죠?	
요즘 너무 바빠서 운동을 전혀 못하고 있어요.	
유학 와서 혼자 사니까 너무 외로워요.	

아끼다

대화

● 대화를 듣고 따라 읽어 보세요.

전주 비빔밥

파티마 파비우 씨, 왜 비빔밥을 그냥 먹어요?
비빔밥은 같이 나온 고추장을 넣어서 비벼 먹어야 맛있어요.

파비우 저는 매운 음식을 아직 잘 못 먹어요. 그리고 비빔밥은 고기와 채소가
골고루 들어 있어서 그냥 먹어도 맛있더라고요.

파티마 그렇기는 하지만 고추장을 넣어도 생각보다 맵지 않아요. 간도 맞고
좋을 거예요.

파비우 파티마 씨는 매운 음식을 잘 먹는 모양이네요.

파티마 네, 저도 한국에 오기 전에는 매운 음식을 잘 못 먹었어요.
그런데 한국에서 살다 보니까 잘 먹게 됐어요.

파비우 저도 빨리 그렇게 되면 좋겠네요.

파티마 그러면 오늘은 고추장을 조금이라도 넣어서 먹어 보면 어때요?
조금씩 먹다 보면 곧 한국 음식에 익숙해질 거예요.

골고루

어휘와 표현

1 다음 단어에 대해 알아보고 빈칸에 알맞은 말을 쓰세요.

싸 먹다	말아 먹다	부어 먹다	비벼 먹다	찍어 먹다

(1)　　　　　　(2)　　　　　　(3)　　　　　　(4)　　　　　　(5)

(　　　　　)　(　　　　　)　(　　　　　)　(부어 먹다)　(　　　　　)

2 다음 단어와 의미가 맞는 것을 연결하세요.

(1) 영양분　•
영양분이 풍부하다

(2) 골고루　•
골고루 먹다

(3) 질리다　•
자주 먹었더니
질리다

(4) 섭취하다　•
영양분을 섭취하다

(5) 어우러지다　•
단맛과 짠맛이
어우러지다

• ㉮ 빠지는 것이 없이 모두 다

• ㉯ 둘 이상이 모여 잘 어울리다

• ㉰ 몸을 만들고 살기 위해 필요한 것

• ㉱ 몸에 필요한 것을 음식을 먹어서 얻다

• ㉲ 자주 하거나 먹어서 어떤 일이나 음식이 싫어지다

오늘의 표현

무슨/어떤/어느 N(이)든(지) 모두 다 어떻거나 무엇을 한다고 말할 때

• 저는 비벼 먹는 음식이면 **뭐든지** 좋아해요.
• **어떤 병이든지** 빨리 나으려면 영양분을 골고루 섭취하는 것이 중요하다.

 무엇이든(지)/뭐든(지)
언제든(지)/누구든(지)
어디든(지)

읽고 말하기 1

○ 다음은 '한식'에 대해 외국인에게 물어본 결과입니다. 여러분은 어떻게 생각합니까?

가장 많이 알려진 한식

다시 먹고 싶은 한식은 무엇입니까?

1 다음을 읽고 대답해 보세요.

여러분이 여행지에서 먹었던 가장 맛있는 음식은 무엇이었습니까? 여행을 끝내고 집으로 돌아갈 때 다시 먹고 싶었던 음식이 있었습니까?

최근 한국 여행을 마치고 고향에 돌아가는 외국인 관광객들에게 '다시 먹고 싶은 한식'이 무엇인지 물어봤습니다. 대부분의 외국인 관광객들은 다양한 한식을 먹다 보니까 '삼겹살'을 가장 좋아하게 되었다고 대답했습니다. 식탁에서 삼겹살을 구워 먹는 것이 신기했을 뿐만 아니라 다양한 채소와 양념을 함께 먹을 수 있어서 아무리 먹어도 질리지 않는 것 같다고 말했습니다.

삼겹살은 그냥 먹어도 맛있지만 채소에 싸서 먹어야 맛있을 뿐만 아니라 건강에도 좋습니다. 만약에 쌈을 싸서 먹는 것이 익숙하지 않다면 양념이라도 찍어 먹어 보십시오. 나의 입맛에 맞게 양념을 선택할 수 있어서 더 맛있게 먹을 수 있을 것입니다.

(1) 외국인 관광객들이 다시 먹고 싶어 하는 한식은 무엇입니까?

(2) 삼겹살을 채소에 싸서 먹어야 하는 이유는 무엇입니까?

(3) 유학을 마치고 고향에 돌아간다면 무엇이 가장 먹고 싶을 것 같습니까?

쌈 | 입맛에 맞다

읽고 말하기 2

● 다음은 나영 씨가 한국의 음식 문화에 대해 발표한 내용입니다.

> 안녕하세요? 이나영입니다. 오늘 제가 준비한 발표 주제는 '한국의 음식 문화'입니다.
>
> 여러분, 치킨이 한식이라고 생각하십니까? 한국에 살고 있는 외국인들에게 좋아하는 한식이 무엇인지 물어봤더니 '치킨'이라고 대답한 사람이 28.9%로 가장 많았습니다. 반대로 '치킨'을 한식으로 생각하지 않는 한국인은 63.9%나 됐습니다. 한국 사람들은 '치킨'을 한식으로 생각하지 않습니다. 이렇게 외국인과 한국인의 생각이 다른 이유는 무엇일까요?
>
> 치킨은 닭을 기름에 튀겨 만든 것으로 이름에서 알 수 있는 것처럼 서양에서 만들어진 음식입니다. 그래서 한국 사람들은 '치킨'을 외국 음식이라고 생각합니다. 하지만 외국 사람들이 한식이라고 부르는 '한국식 치킨'은 한국 사람들이 생각하는 그냥 '치킨'과 조금 다릅니다. 닭을 기름에 튀긴 것은 맞지만 한국 사람의 입맛에 맞게 요리하다 보니까 서양의 '치킨'과 다른 맛을 내게 되었기 때문입니다. 다양한 양념으로 만든 소스에 치킨을 넣어 만들어야 '한국식 치킨'이라고 부를 수 있습니다.
>
> 이렇게 새로운 맛을 만들어 내는 한국 음식은 치킨 이외에도 많이 있습니다. 비벼 먹는 비빔밥과 싸 먹는 삼겹살, 말아 먹는 국밥은 모두 따로 먹을 때와는 다른 새로운 맛을 냅니다. 이처럼 다양한 음식들이 서로 어우러져 새로운 맛을 만들어 내는 것을 한국 음식의 특징이라고 할 수 있습니다. 그리고 이렇게 먹으면 다양한 영양분을 골고루 섭취할 수 있을 뿐만 아니라 자신의 입맛에 맞게 만들어 먹을 수 있어서 좋습니다.
>
> 여러분이 가장 좋아하는 한식은 무엇입니까? 그 음식을 한식이라고 할 수 있습니까?

1 질문에 답하세요.

(1) 한국식 치킨의 특징은 무엇입니까?

(2) 다양한 음식들이 어우러져 새로운 맛을 내는 것은 무엇이 있습니까?

(3) 위의 글에서 말한 한식의 장점은 무엇입니까?

주제 | 서양 | 소스 | 따로 | 맛을 내다 | 또한

② 여러분의 생각을 이야기해 보세요.

(1) 가장 좋아하는 한식은 무엇입니까? 왜 그 음식을 가장 좋아합니까?

(2) 어떤 음식을 한식이라고 할 수 있을까요? 여러분이 생각하는 한식의 조건을 선택하고 말해 보세요. .

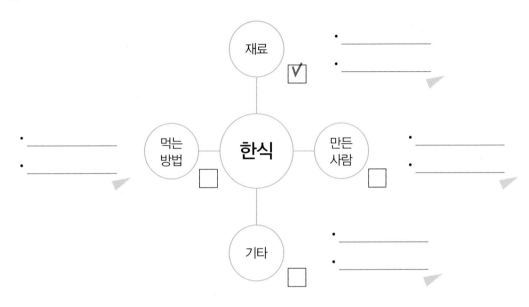

(3) 소개하고 싶은 여러분 나라의 음식이 있습니까? 그 음식의 특징과 먹는 방법을 소개해 주세요.

• 이름 _____

• 특징 _____

_____

_____

• 먹는 방법 _____

조건

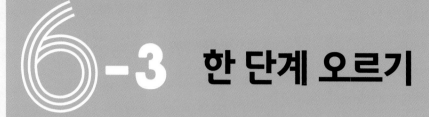

생각해 봅시다

◎ 다음 어휘와 문법 중 잘 이해하고 있는 것에 표시(✓)하세요.

☐ 골고루   ☐ 영양분   ☐ 섭취하다
☐ 찍다   ☐ 다지다   ☐ 썰다
☐ 어우러지다   ☐ 질리다   ☐ 불리다
☐ 입맛에 맞다   ☐ 간을 보다   ☐ 삶다

☐ 네가 알려 준 **대로** 만들었더니 더 맛있는 것 같아.

☐ 맥주하고 치킨을 같이 먹으면 건강에 **좋지 않다면서요?**

☐ 요즘은 물을 넣고 **끓이기만 하면** 되는 제품도 많기 때문에 요리를 못 해도 괜찮다.

☐ 처음에는 한국 음식이 입에 안 맞았는데 **먹다 보니까** 괜찮아졌다.

☐ 그동안 친구가 만들어 준 음식을 먹기만 해서 친구 생일에 **미역국이라도** 끓여 주고 싶다.

☐ 내 동생은 어렸을 때부터 **뭐든지** 다 잘 먹어서 부모님이 예뻐하셨다.

◎ 아래의 문장을 보고 보기 와 같이 이야기해 보세요.

> 샐러드 위에 레몬즙을 살짝 찍어서 드시면 맛이 더 좋아집니다.

보기

'찍어서 먹는 것'은
간장이나 소금 같은 건데….
레몬즙은 좀 어색하지 않아요?

맞아요. '샐러드 위에'라는
표현도 있으니까 '찍어 먹다'는
어울리지 않는 것 같아요.

1 다음 중 단어가 어색하게 쓰인 문장이 없는지 친구와 이야기해 보세요.

(1) 한국 음식을 만들 때 마늘을 다져서 넣는 경우가 많다.

(2) 포장지가 크니까 선물 크기에 맞게 썰어서 사용하세요.

(3) 나쁜 공기를 많이 섭취하면 건강에 좋지 않으니 외출할 때는 마스크를 꼭 끼세요.

(4) 두 사람은 나이뿐만 아니라 성격이나 취향도 비슷해서 잘 어우러지는 커플이에요.

(5) 고기로 만든 음식은 뭐든지 다 좋아하지만 치킨은 너무 자주 먹어서 이제 질렸다.

2 다음 중 문법이나 표현이 어색하게 쓰인 문장이 없는지 친구와 이야기해 보세요.

(1) 엠마 씨가 만든 건 다 맛있어요. 요리를 잘한다면서요?

(2) 처음엔 이해가 안 됐는데 설명을 듣다 보니 알겠더라고요.

(3) 다음 질문을 잘 듣고 질문대로 대답해 보세요.

(4) 그 사람이 어떤 사람인지 궁금했는데 알다가 보니까 유명한 가수더라고요.

(5) 위험한 상황이 생겼을 때 이 버튼을 누르기만 하면 됩니다.

(6) 토픽 신청하는 법을 모르니까 이따가 친구가 신청할 대로 따라 해야겠어요.

(7) 볼펜을 안 가져왔으면 연필로라도 쓰세요.

◉ 아래 그림을 보고 배운 문법과 표현을 사용해서 짧은 이야기를 만들어 보세요.

오늘 저녁에 한국 친구를 우리 집에 초대했다.

어휘 늘리기

● 다음 단어에 대해 알아보고 친구와 함께 질문에 대답해 보세요.

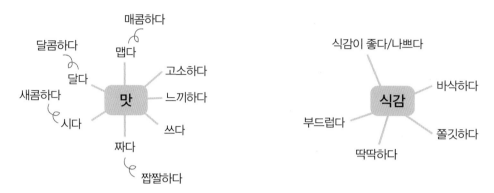

- 달콤한 음식을 좋아하는 편입니까?
- 매콤한 음식 하나를 추천해 주세요.
- 어떤 식감을 좋아합니까? 어떤 식감을 안 좋아합니까?
- 좋아하는 음식이 무엇입니까? 그 음식의 맛과 식감은 어떻습니까?
- 고향의 유명한 음식은 무엇입니까? 그 음식은 어떤 맛입니까?
- _____

● 아래 그림을 보고 이야기해 보세요. 어떤 맛일까요? 또 식감은 어떨까요?

● 다음 그림이 나타내는 말을 보기 에서 찾아보고 그 의미를 생각해 보세요.

보기   ① 인생의 쓴맛   ② 밥도둑

        ③ 김칫국부터 마시다   ④ 입이 짧다

1 보기 에서 알맞은 말을 찾아 번호를 쓰세요.

(1) 입맛이 생기게 해 밥을 많이 먹게 하는 반찬   (   )

(2) 어떤 일이 이미 이루어진 것처럼 생각하고 기대하다   (   )

(3) 살면서 겪게 되는 힘듦이나 괴로움   (   )

(4) 음식을 많이 가리거나 조금만 먹다   (   )

2 어떤 말을 쓸 수 있을까요? 빈칸에 알맞은 말을 쓰고 이야기해 보세요.

(1) 가 너 간장게장 먹어 봤어?

    나 먹어 봤지! 그거 완전 _____(이)야.

(2) 가 뭘 그렇게 고민해요?

    나 동생이 한국에 놀러 오는데 _____–아/어서 뭘 먹으면 좋을지 모르겠어요.

(3) 가 아르바이트가 너무 힘드네요. 사장님은 무섭고 일도 많고요.

    나 저도 그래요. 아르바이트를 하면 _____을/를 보게 되는 것 같아요.

(4) 가 데이트는 역시 한강이 좋겠지?

    나 _____–지 말고 친구들한테 소개팅이나 해 달라고 해.

실전 말하기

A-(으)ㄴ 데에
V-는 데에

N이/가 좋다/나쁘다

내 생각엔 / 내가 생각하기엔
내가 볼 땐(봤을 땐) / 내가 보기엔

내 말이. / 그러게 (말이야).

Track 30

● 위에 나온 표현을 생각하면서 대화를 읽어 보세요.

> 가 어서 와. 생각보다 빨리 왔네. 찾기 힘들지 않았어?
>
> 나 응, 마크가 알려 준 대로 마을버스를 탔더니 편하고 좋더라고.
>
>   그런데 여기는 소문대로 사람이 많네. 어떻게 알고 온 거야?
>
> 가 마크가 SNS에서 보고 와 본 적이 있대. 내 생각엔 여기가 요즘 제일 핫한 식당 같아.
>
> 나 역시 맛집을 찾는 데에는 SNS가 제일 좋은 것 같네.
>
> 가 그러게. 마크가 인싸답게 이런 데도 잘 알아.

● 다음 표현을 사용해서 친구와 짧게 대화해 보세요.

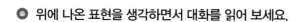

A/V-(으)ㄴ/는 데에 N이/가 좋다/나쁘다   어떤 상황에서 활용하기 좋은 대상을 말할 때

> 가: 어제부터 목이 아파서 말을 할 수가 없어.
>
> 나: 목 아픈 데에는 따뜻한 물이 좋으니까 자주 마셔.
>
>   목 아픈 데에는 따뜻한 물을 자주 마시는 게 좋아.

마을버스 | 소문 | 핫하다

사과하고 싶다　　　　　　　　같은 반 친구들과 빨리　　　　　　　　?
　　　　　　　　　　　　　　　친해지고 싶다.

> **내 생각엔 / 내가 생각하기엔**
> **내가 볼 땐(봤을 땐) / 내가 보기엔**　　어떤 일에 대한 자신의 생각이나 의견을 말할 때

가　첸은 그렇게 열심히 공부하는데 왜 항상 시험은 못 볼까?
나　**내가 봤을 땐** 공부하는 방법을 잘 모르는 것 같아.

친구가 갑자기 말을　　　　　　　남자/여자 친구가 요즘　　　　　　　?
잘 안 한다　　　　　　　　　　　연락을 자주 안 한다

> **내 말이.**
> **그러게 (말이야).**　　상대방의 생각이나 의견과 같음을 나타낼 때

가　배달을 시켜서 먹으면 편하고 좋기는 한데 쓰레기가 너무 많이 나오는 것 같아.
나　**그러게 말이야.** 환경에도 안 좋을 텐데.

콘서트가 갑자기 취소돼서　　　　　친구가 많이 아파서　　　　　　　?
화가 난다　　　　　　　　　　　걱정이다

◉ 위에서 배운 표현을 사용해 아래 상황에 대해 이야기해 보세요.

- SNS에서 찾은 맛집에 와 본 친구들의 대화
- 먹는 것에 신경을 쓴 후에 건강이 많이 좋아진 친구에 관한 대화
- 한국인 여자/남자 친구를 사귀고 한국어 실력이 갑자기 좋아진 친구에 관한 대화

가　이 식당은 어떻게 알고 온 거야?
나　마크가 SNS에서 보고 와 본 적이 있대. 내 생각엔 여기가 요즘 제일 핫한 식당같아.
가　역시 맛집을 찾는 데에는 SNS가 제일 좋은 것 같네.
나　내 말이. 마크가 인싸답게 이런 데도 잘 알아.

실전 쓰기

과정 설명하기 어떤 일의 순서를 차례대로 설명할 때

◉ 과정을 설명할 때에는 다음과 같은 표현을 사용합니다.

우선	그다음에 / 그 후에	
먼저	–(으)ㄴ 다음에	마지막으로
가장 먼저	–(으)ㄴ 후에	–기만 하면 되다
제일 먼저	–고 나서	

보기

참가 신청서
이메일로 보내기 → 참가비
입금하기 → 모임 장소와 시간
메시지 확인하기 → 모임에
참가하기

저희 맛집 동아리에 가입하고 싶으신 분들은 **먼저** 이메일을 보내 주세요. 저희는 참가비를 **받은 후에** 모임 장소와 시간을 알려 드립니다. 참가비를 **보내고 나서** 메시지를 확인해 주십시오. **마지막으로** 모임 시간과 장소에 맞춰 **참석하기만 하면 됩니다.**

1 키오스크로 주문하는 법

① 언어 선택	② 주문할 메뉴 선택
③ 결제 방법(카드, 현금) 선택	④ 결제하기

→ 요즘 식당에는 사람 대신 기계를 사용해 주문해야 하는 경우가 많다. 이런 키오스크에서 주문할 때에는 **우선,** _____

_____

2 토픽 시험 접수하는 방법

① 토픽 홈페이지에 회원 가입을 한다.	② 시험 장소를 선택한다.
③ 응시료를 결제한다.	④ 수험표를 출력한다.

→ 토픽 시험을 접수하려면 **먼저** _____

_____

_____

키오스크 | 결제 | 기계 | 응시료 | 수험표 | 출력하다

3 다음은 떡볶이 만드는 방법입니다. 떡볶이 만드는 법을 잘 읽고 써 보세요.

음식의 이름	떡볶이
필요한 재료	 떡볶이 떡, 대파, 어묵, 고추장, 고춧가루, 간장, 설탕
만드는 방법	① 손을 씻고 요리에 사용할 재료를 준비한다. ② 물에 떡을 넣고 물을 끓인다. ③ 어묵과 파를 알맞은 크기로 썬다. ④ 물이 끓으면 어묵, 고추장, 고춧가루, 간장, 설탕을 넣는다. ⑤ 떡볶이 국물이 끓어서 적어지면 파를 넣는다. ⑥ 떡볶이가 다 되면 그릇에 담는다.

(1) 가장 먼저 뭘 해야 합니까?

우선 / 먼저 / 가장 먼저 / 제일 먼저

제일 먼저 손을 깨끗하게 씻고, 요리에 사용할 재료를 준비해야 합니다.

(2) 그다음으로 무엇을 해야 합니까?

그다음에 / 그 후에 / -(으)ㄴ 다음에 /
-(으)ㄴ 후에 / -고 나서

_____

_____

_____

(3) 마지막으로 할 일은 무엇입니까?

마지막으로 / -기만 하면 되다

_____

_____

_____

담다

부록

CHAPTER 1 서울

1-1 서울에는 구경할 곳이 정말 많대요

문법 1

- (1) 오늘 날씨가 좋대요.
  (2) (자기는) 비빔밥을 좋아한대요.
  (3) 시험은 다음 주래요.

문법 2

- (1) 시험이 어려워도 꼭 합격할 거예요.
  (2) 커피를 마셔도 계속 졸려요.
  (3) 외국인이어도 지하철을 쉽게 이용할 수 있어요.

어휘와 표현

1. (1) 한강
   (2) 강북
   (3) 대교
   (4) 강남

2. (1)-④   (2)-⑤   (3)-㉮
   (4)-㉣   (5)-㉯

듣고 말하기 1

1. (1) 홍대 앞 구경
   (2) 멋진 길거리 공연도 즐길 수 있고 예쁜 가게들도 많아서

듣고 말하기 2

1. (1) 경복궁과 남산타워
   (2) 교통이 편리하고 안전한 점
   (3) 조선 시대부터 오랜 세월 동안 정치, 경제, 문화와 역사의 중심지였습니다.
   (4) 과거와 현재를 함께 느낄 수 있어서

1-2 사람이 많은 걸 보니까 유명한가 봐요

문법 1

- (1) 두 사람이 말을 안 하는 걸 보니까 싸웠나 봐요.
  (2) 관광객이 많은 걸 보니까 유명한 관광지인가 봐요.
  (3) 빈 씨가 선물을 받고 웃는 걸 보니까 마음에 드나 봐요.

문법 2

- (1) 일이 바쁜 대신에 월급이 많아요.
  (2) 아침밥을 먹는 대신에 잠을 더 잤어요.
  (3) 음식을 만드는 대신에 밖에 나가서 먹기로 했어요.

어휘와 표현

1. (1) 볼거리   (2) 즐길 거리
   (3) 수도권   (4) 당일치기
   (5) 먹을거리

2. (1)-⑩   (2)-㉯   (3)-㉮
   (4)-㉣   (5)-㉣

읽고 말하기 1

1. (1) 서울을 포함한 수도권의 지하철역
   (2) 서울 도심을 지나는 대부분의 열차는 지하로 다니기 때문에

읽고 말하기 2

1. (1) 사진 찍는 것을 좋아하는 사람

   (2) 박물관과 미술관 관람, 자전거 타기, 산책하기, 사진 찍기

   (3) 조선 시대 성곽의 완벽한 모습을 볼 수 있고 화성을 지을 때의 자료가 모두 남아 있기 때문에

   (4) 화성 행궁

   (5) 남한과 북한이 전쟁을 쉬기로 하면서 만든 곳으로 한국의 역사를 느낄 수 있는 특별한 장소

   (6) 도라산역에 가는 열차가 별로 없기 때문에 열차 시간을 확인해야 하고 신분증을 꼭 가지고 가야 합니다.

1-3 한 단계 오르기

생각해 봅시다

- (1) 서울은 대한민국의 ~~수도권~~입니다.
  → 수도

  (3) 이번 여행은 당일치기니까 호텔을 ~~예약해야 해요.~~
  → 예약하지 않아도 돼요.

  (5) 그곳은 잘 ~~알려진~~ 여행지라서 사람이 별로 없어요.
  → 알려지지 않은

- (2) 카린 씨가 빈 씨를 ~~도와 달래요.~~
  → 도와주래요.

  (3) 책이 너무 어려워서 아무리 읽어도 이해할 수 ~~있어요.~~
  → 없어요.

  (4) 우리 강아지가 ~~얼마나 먹는데요.~~
  → 얼마나 많이/잘/조금 먹는데요.

  (6) 마크 씨가 ~~피곤한 걸 보니까 자나 봐요.~~
  → 자는 걸 보니까 피곤한가 봐요.

어휘 늘리기

1. (1) ③   (2) ④   (3) ①   (4) ②

2. (1) 배가 남산만 한 걸 보니까

   (2) 간이 콩알만 한가 봐.

   (3) 월급이 쥐꼬리만 해서

   (4) 주먹만 하네.

실전 쓰기

1. (1) 날씨가 덥다.

   (2) 한국에 산다.

   (3) 떡볶이가 맛있다.

   (4) 여기는 서울이다.

   (5) 이것은 의자다. / 의자이다.

   (6) 밥을 먹었다.

   (7) 내일 비가 올 것이다.

   (8) 어떻게 해야 할까?

2. (1) 3급이기 때문에 열심히 공부해야 한다.

   (2) 이것은 카린 씨에게 받은 카드와 선물이다. 내 생일이었기 때문이다.

   (3) 그런데 내가 그곳에 갔을 때 사람들이 아주 많아서 정말 놀랐다.

3.
> 서울은 한국의 **수도이다**. 조선 시대부터 수도였다. 그래서 서울에서는 전통문화와 현대 문화를 함께 즐길 수 **있다**. 서울에 왔으면 종로에 가 봐야 **한다**. 종로는 '광화문', '경복궁' 같은 전통문화와 높은 빌딩, 청계천, DDP 같은 현대 문화를 같이 느끼기에 **좋기 때문이다**.
> '종로'는 광화문 광장에서 동대문까지의 큰길을 **말한다**. 그곳에 시간을 알리는 종이 **있기 때문**에 '종로'라고 **부른다**. 청계천을 구경하면서 광장 시장도 구경하면 **좋다**. 멀리 떨어져 있지 않고 먹을거리도 **많기 때문이다**. 광장 시장은 청계천의 광교와 장교라고 하는 다리 사이에 있어서 광장 시장이라고 부르기 **시작했다고 한다**.

CHAPTER 2

유학 생활

2-1 지금처럼 계속 노력한다면 좋은 결과가 있을 거예요

문법 1

- (1) 한국 친구가 많다면 한국어를 자주 사용할 것 같다.
  (2) 매일 운동한다면 건강해질 것이다.
  (3) 오래 알고 지낸 친구라면 그 친구가 힘들 때 옆에 있어 줘야 한다.

문법 2

- (1) 친구를 만나기 위해서 친구 집 근처에 갔다.
  (2) 한국어 실력을 확인해 보기 위해서 토픽 시험을 볼 것이다.
  (3) 건강을 위해서 담배를 끊었다.

어휘와 표현

1. (1) 관심 분야가
   (2) 전문가처럼
   (3) 자격증을 따고
   (4) 시험 일정을 알아보니까
   (5) 시험을 접수했다
   (6) 초보자인
   (7) 시험 문제를 풀
   (8) 시험장이 멀어서
   (9) 실기 시험을 보기

듣고 말하기 1

1. (1) 토픽 홈페이지에서 접수 방법을 확인하면 된다.
   (2) 시험을 보는 외국인 유학생들이 많아서 원하는 곳을 신청하기 어렵기 때문에

듣고 말하기 2

1. (1)

	자주 보는 영상	그 영상을 자주 보는 이유
카린	네일 아트 영상	예쁜 모양을 만드는 것이 재미있어서
첸	빵 만드는 영상	요리하는 사람이 멋있어 보여서

(2) 고향에 있었다면 관심 분야에 대해 배우러 다니거나 자격증 공부를 시작했을 것 같아서
(3) 외국인도 운전면허를 딸 수 있으니까
(4) 한국어도 공부하고 관심 분야의 자격증도 딸 수 있어서

2-2 야구 경기를 관람했는데 정말 재미있더라고요

문법 1

- (1) 한강에 가 봤는데 야경이 멋있더라고요.
  (2) 마크 씨와 이야기해 봤는데 한국어를 잘하더라고요.
  (3) 커피를 마시니까 잠이 안 오더라고요.

문법 2

- (1) 집에 밥이 없어서 라면을 먹을 수밖에 없다.
  (2) 휴대폰을 잃어버려서 새로 살 수밖에 없다.
  (3) 게임을 많이 하면 눈이 나빠질 수밖에 없다.

어휘와 표현

1. (1) 응원하다   (2) 관람하다
   (3) 감상하다   (4) 시청하다
   (5) 참여하다   (6) 즐기다

2. (1)–㉣   (2)–㉟   (3)–㉡
   (4)–㉢   (5)–㉮   (6)–㉠

읽고 말하기 1

1. (1) 일을 하고 남은 시간 중에서 필수 시간을 뺀 나머지 자유 시간

　(2) 개인의 즐거움이나 휴식을 위해, 스트레스를 풀기 위해

읽고 말하기 2

1. (1) 스포츠 경기 관람

　(2) 야구를 잘 몰라서 걱정을 하니까 한국의 응원 문화가 특별하기 때문에 야구를 몰라도 재미있을 거라고 말했다.

　(3) 생각보다 싼 티켓 가격

　(4) • 문화가 있는 날 – 매달 마지막 주 수요일로 전국 2,000개 이상의 문화 시설에서 다양한 문화 혜택을 제공하는 날

　　 • 문화가 있는 날을 만든 목적 – 많은 사람들에게 다양한 문화 생활을 즐길 수 있는 기회를 주기 위해

2-3 한 단계 오르기

생각해 봅시다

1. (1) 한국어를 잘하면 한국에서 일할 ~~정도~~가 생길 수 있다.
　　→ 　　　　　　　　　　　　 기회

　(2) 문제를 접수하고 시험 준비를 하기 시작했다.
　　→ 시험을

　(4) 대학을 졸업하면 할 수 있는 것이 많아져서 ~~지루하다.~~
　　→ 　　　　　　　　　　　　 좋다

2. (1) ~~단어를 외우커~~ 위해서는 ~~한국어를 잘해야~~ 합니다.
　　→ 한국어를 잘하기　　　단어를 외워야

　(3) 여름이 ~~된다면~~ 더워질 거예요.
　　→ 　　되면

　(5) 친구에게 꽃을 선물 받으니까 ~~제카 정말 좋아하더라고요.~~
　　→ 　　　　　　　　　　　　 좋더라고요
　　친구에게 꽃을 선물 받으니까 ~~제카~~ 정말 좋아하더라고요.
　　→ 　　　　　　　　　　　　 엠마 씨가

(7) 시험 성적이 ~~걱정되지 않으니까~~ 단어를 열심히 외울 수밖에 없어요.
　→ 　　　　　　 걱정되니까

어휘 늘리기

1. (1) ②　　　(2) ①　　　(3) ④　　　(4) ③

2. (1) 꿈에 나왔는데

　(2) 그림의 떡이야

　(3) 강 건너 불 구경

　(4) 꿈에도 생각하지 못했어요

실전 쓰기

1. (1) 의, 을, 일하신다

　(2) 을, 에, 를, 만났다

　(3) 에게, 을. 을, 걱정이다

2. (1) 관람하는 것이다

　(2) 부르기 때문이다

　(3) 시청하고 / 시청하거나

3. (1) 주문하신

　(2) 입학할 것이다

　(3) 잃어버린

4. (1) 일을 하고 남은 시간 중에서 필수 시간을 뺀

　(2) 한국 사람들이 가장 많이 하는

　(3) 매달 마지막 주 수요일로

CHAPTER 3

소중한 추억

3-1 여행을 하면 기분이 좋아질 뿐만 아니라 많은 것을 배울 수 있어요

문법 1

- (1) 한국은 여름에 날씨가 더울 뿐만 아니라 비도 자주 온다.
  (2) 내 친구는 음식을 잘 만들 뿐만 아니라 맛집을 많이 안다.
  (3) 지갑을 잃어버렸을 뿐만 아니라 휴대폰이 고장 나서 연락을 못 했다.
  (4) 이 영화는 한국(에서)뿐만 아니라 외국에서도 인기가 많다.

문법 2

- (1) 저녁에는 날씨가 추울 텐데 옷을 가지고 가세요.
  (2) 파티마 씨는 회사 일이 힘들 텐데 항상 괜찮다고 해요.
  (3) 연휴라서 비행기 표가 다 팔렸을 텐데 어떻게 하면 좋을까요?

어휘와 표현

1. (1) 짐을 싸다 ↔ 짐을 풀다
   (2) 왕복 ↔ 편도
   (3) 국내 여행 ↔ 해외여행

2. (1)—㉤   (2)—㉱   (3)—㉮
   (4)—㉡   (5)—㉣

듣고 말하기 1

1. (1) 배낭여행에 대해 문의하기 위해서
   (2) 할인 쿠폰을 확인해 봐야 한다.

듣고 말하기 2

1. (1) 유학을 오기 전에 한 한국 여행, 유학을 결심하게 됐기 때문에
   (2) 고등학생 때 친구와 한 미국 국내 여행, 친구와 여행 취향이 너무 달랐기 때문에
   (3) 경주 여행
   (4) 천 년 동안 신라의 수도였기 때문에 유적지가 많은 곳이다.
   (5) 취향이 비슷하기 때문에 싸우지 않을 것 같다.

3-2 여기가 제가 어렸을 때 살던 곳이에요

문법 1

- (1) 친구가 보던 드라마를 실수로 껐다.
  (2) 잃어버렸던 지갑을 찾아서 기쁘다.
  (3) 즐거웠던 추억을 생각한다.

문법 2

- (1) 밥을 먹자마자 이를 닦는다.
  (2) 침대에 눕자마자 잠이 들었다.
  (3) 방학을 하자마자 이사를 하려고 한다.

어휘와 표현

1. (1) 어린이   (2) 초등학생
   (3) 중학생   (4) 고등학생
   (5) 청소년

2. (1)—㉢   (2)—㉣   (3)—㉡
   (4)—㉮   (5)—㉤

읽고 말하기 1

1. (1) 청소년 시기에 몸과 마음이 점점 어른이 되는 기간
   (2) 나중에 생각해 보면 너무 후회가 되고 부끄러운 일들이 많기 때문에

읽고 말하기 2

1. (1) 친구의 강아지가 너무 예쁘고 귀여워서 강아지를
키우게 해 달라고 부모님을 졸랐기 때문에

(2) 가족일 뿐만 아니라 친구였다.

(3) 언젠가 다시 만날 수 있다고 생각하게 되어서

3-3 한 단계 오르기

생각해 봅시다

1. (1) 이 노래는 ~~언젠가~~ 들어도 좋다.

→ 언제 / 언제나

(2) 유학을 오기 전에 목표를 ~~짜야~~ 해요.

→ 세워야

(4) 밖에서 시끄러운 소리가 ~~나오는~~ 걸 보니까 무슨
일이 있나 봐요.

→ 나는

2. (1) 수업이 ~~끝났자마자~~ 집에 왔어요.

→ 끝나자마자

(2) 농구를 ~~하는 길에~~ 넘어져서 다쳤어요

→ 하다가 / 하러 가는 길에

(3) 저는 ~~코키일 뿐만 아니라~~ 채소도 잘 먹어요.

→ 고기뿐(만) 아니라

(6) 이것은 지난 학기 문화 체험을 갔을 때 ~~찍던~~ 사진
입니다.

→ 찍었던

(7) 에어컨을 켜고 자서 감기에 ~~걸릴 뿐만 아니라~~ 전
기세도 많이 나왔다.

→ 걸렸을 뿐(만) 아니라

어휘 늘리기

1. (1) ② 　　　(2) ③ 　　　(3) ④ 　　　(4) ①

2. (1) 하나부터 열까지 안 맞아서

(2) 속을 썩이는지

(3) 바가지를 쓴

(4) 이름이 있는

실전 쓰기

1.

내가 한국어를 빨리 잘하게 된 방법은 다음과
같다. 한국어 수업을 잘 **듣고** 복습을 열심히 했다.
그리고 고향 친구들보다 한국 친구나 다른 나라
친구를 많이 만났다. **또** 한국어를 사용할 수 있는
아르바이트를 **구했고**, 주말에는 집에만 있지 않
고 여기저기 구경을 다녔다.

2.

수원 화성은 조선 시대 왕인 정조 때 지은 성곽
으로, 수원의 **명소이며** 유네스코 세계 문화유산
이다. 그때의 최신 기술을 이용하여 **만들었을**
뿐만 아니라 아버지에 대한 정조의 마음을 보여
주는 곳이다.

3.

제주도에서 할 수 있는 일은 아주 많다. 제주도
북쪽에서는 바닷가 드라이브, 유명한 시장 구경
등을 할 수 있다. 그리고 동쪽에는 '우도'가 유명
한데, 우도에 가면 땅콩으로 만든 아이스크림 및
막걸리를 꼭 먹어 봐야 한다. 남쪽에서는 유명한
폭포 뿐만 아니라 감귤 농장 체험을 할 수 있다.
또 서쪽에서는 아름다운 해수욕장을 볼 수 있고,
가운데에서는 한라산 등산을 할 수 있다.

CHAPTER 4
성격과 감정

4-1 그건 너답지 않아

문법 1

- (1) 세계적인 선수답게 경기를 잘한다.
  (2) 유명한 식당답지 않게 음식이 별로 맛없다.
  (3) 친구가 어려운 시험에 합격해서 자랑스럽다.

문법 2

- (1) 소화가 안 되면 산책을 하지 그래요?
  (2) 졸리면 커피를 마시지 그래요?
  (3) 길을 모르면 나한테 전화하지 그랬어요?

어휘와 표현

1. (1) 게으른   (2) 꼼꼼한
   (3) 부지런한   (4) 급한
   (5) 느긋한

2. (1)—㉮   (2)—㉹   (3)—㉯
   (4)—㉰   (5)—㉱   (6)—㉲

듣고 말하기 1

1. (1) 룸메이트가 평소에 청소나 빨래를 잘 안 한다.
   (2) 룸메이트가 잘 삐지는 성격이라서
   (3) 부탁하는 것처럼 말하라고 했다.
       "서준아, 시간 있을 때 청소 좀 하면 안 될까?"

듣고 말하기 2

1. (1) 이름이나 국적, 하는 일 등
   (2) 어떤 사람의 평소 행동이나 특성을 이해하는 데 도움이 된다고 생각해서
   (3) 그런 몇 가지 질문만으로 사람을 미리 평가하는 것은 어리석은 일이라고 생각한다.
   (4) 그 사람에게 관심을 가지고 많은 시간 동안 그 사람의 주변 사람들, 일상생활에 대해 질문하면서 그 사람다운 것을 찾아내야 한다.

4-2 친구가 기분 나빠할까 봐 마음에 드는 척했어요

문법 1

- (1) 시험이 어려울까 봐 걱정이다.
  (2) 친구가 기다릴까 봐 약속 장소에 일찍 갔다.
  (3) 말하기 시험에서 실수할까 봐 항상 꼼꼼하게 준비한다.

문법 2

- (1) 할 일이 있는 척했다.
  (2) 아는 척했다.
  (3) 외국인인 척했다.

어휘와 표현

1. (1) 설레다   (2) 다행이다
   (3) 짜증이 나다   (4) 답답하다
   (5) 지겹다   (6) 기다려지다
   (7) 우울하다   (8) 서운하다

읽고 말하기 1

1. (1) 학교생활 적응, 공부 스트레스, 가족과의 문제 등에 대해 상담을 받고 싶어서

(2) 무료로 상담을 받을 수 있고 멘토링 프로그램에도 참여할 수 있다.

읽고 말하기 2

1. (1) 텅 빈 집에 돌아오면 무엇을 해야 할지 잘 몰라서

(2) 같은 건물에 알레르기가 있는 사람이 살아서

(3) 남자 친구와의 관계가 달라져서

(4)

유학 오기 전	유학 온 후
기다려지다, 설레다, 즐겁다	힘들다, 서운하다, 답답하다, 짜증이 나다

4-3 한 단계 오르기

생각해 봅시다

1. (1) 말하기 시험을 볼 때마다 실수할까 봐 ~~설레코~~ 긴장이 된다.

→ 불안하고

(4) 내 동생은 ~~케으른~~ 성격이라 아무리 급한 일이 있어도 서두르지 않고 천천히 해서 실수가 적다.

→ 느긋한

2. (2) 감기에 걸릴까 봐 옷을 많이 ~~입으세요.~~

→ 입었어요

(3) 우리 강아지는 밥을 많이 먹어서 살이 ~~하도~~ 많이 쪘어요.

→ 너무

(5) 친구들의 대화를 이해하지 못했지만 그냥 ~~안 척하면서~~ 같이 이야기했어요.

→ 아는 척하면서

(6) 마크 씨가 **평소답게** 지각하는 걸 보니까 무슨 일이 있나 봐요.

→ 평소답지 않게

어휘 늘리기

1. (1) ③ (2) ④ (3) ① (4) ②

2. (1) 세월아 네월아

(2) 엉덩이가 무거워서

(3) 성격이 불같으셔서

(4) 입이 가벼운

실전 쓰기

1.

> 한국어에는 비슷한 말이 많은 것 같다. '방학'과 '휴가'도 그렇다. **방학은** 학교에서 한 학기가 끝나고 정해진 기간 동안 수업을 **쉰다는 말이고 휴가는** 회사 등에서 일하는 사람이 며칠 정도 일하지 않고 **쉰다는 뜻이다.**

2.

> 외국어를 한국어로 바꾸는 일을 하는 사람을 '통역사'라고 할 때도 있고 '번역가'라고 할 때도 있다. **통역사는** 어떤 언어로 된 말을 다른 언어의 말로 바꿔 주는 **사람이라는 뜻이고 번역가는** 어떤 언어로 된 글을 다른 언어의 글로 바꾸는 **사람이라는 말이다.**

3.

> 며칠 전에 친구가 주말에 한강에 갔는데 즐거웠고 날씨도 좋아서 다행이었다고 했다. 비슷한 것 같은 이 두 단어의 뜻은 어떻게 다른지 궁금해서 사전을 찾아봤다. '**즐겁다**'는 마음에 들고 **기쁘다는 뜻이고** '**다행이다**'는 예상보다 나쁘지 않아서 **좋다는 뜻이었다.**

CHAPTER 5

대인 관계

5-1 아르바이트를 하느라고 모임에 못 갔어요

문법 1

- (1) 드라마를 보느라고 잠을 못 잤다.
  (2) 학비를 내느라고 생활비가 부족하다.
  (3) 늦게까지 일하느라고 힘들다.

문법 2

- (1) 점심을 먹을 걸 그랬다.
  (2) 운동을 열심히/좀 할 걸 그랬다.
  (3) 쇼핑을 조금만 할 걸 그랬다. / 쇼핑을 하지 말 걸 그랬다.
  (4) 구두를 신지 말 걸 그랬다. / 운동화를 신을 걸 그랬다.

어휘와 표현

1. (1) 부탁을 하다
   (2) 부탁을 받다
   (3) 부탁을 거절하다
   (4) 부탁을 들어주다

2. (1)–㉤   (2)–㉢   (3)–㉮
   (4)–㉡   (5)–㉣

듣고 말하기 1

1. (1) 주말 동안 고양이를 돌봐 달라는 부탁
   (2) 고양이를 무서워하기 때문에

듣고 말하기 2

1. (1) 거절 잘하는 방법
   (2) 부탁을 거절하면 관계가 어색해질까 봐
   (3) • 정확하고 솔직하게 안 된다고 말하기
      • 대안을 제시하기
      • 시작과 끝을 긍정적인 말로 하기

5-2 제가 약속에 늦었더니 친구가 화를 냈어요

문법 1

- (1) 내가 농담을 했더니 친구들이 웃었다.
  (2) 밥을 급하게 먹었더니 소화가 안된다.
  (3) 비행기표를 찾아봤더니 매진이었다.

문법 2

- (1) 밤에 배고프지 않게 저녁을 많이 먹는다.
  (2) 부탁을 거절할 수 없게 선물을 보냈다.
  (3) 빨리 도착할 수 있게 택시를 타려고 한다.

어휘와 표현

1. (1) 잘못하다
   (2) 화를 내다
   (3) 사과하다
   (4) 화가 풀리다
   (5) 화해하다

2. (1)–㉡   (2)–㉮   (3)–㉣
   (4)–㉤   (5)–㉢

읽고 말하기 1

1. (1) 외로움을 느끼지 않고 돈도 절약하기 위해서
   (2) 인터넷에서 찾은 룸메이트와 사이 좋게 지낼 수 있는 방법

1. (1) 귀찮아서 화를 풀기 때문에

(2) 늦잠을 자서 약속에 늦었을 때 길이 막혀서 어쩔 수 없었다고 변명을 해 본 적이 있다.

(3) 시간이 지나면 친구들의 화가 풀리기 때문에

(4) 작은 선물을 하거나 맛있는 밥을 사 주는 것

5-3 한 단계 오르기

생각해 봅시다

1. (1) 친구가 약속에 늦었는데 ~~과연~~ 나에게 화를 냈다.
→ 오히려

(3) 그 사람은 다른 사람과의 약속을 반드시 ~~어기는~~ 사람이니까 믿을 수 있어요.
→ 지키는

(4) 그 직원은 자신의 잘못을 솔직하게 인정하고 ~~변명했다.~~
→ 사과했다.

2. (1) ~~아프느라고~~ 학교에 못 갔어요.
→ 아파서

(2) 열심히 ~~공부하느라고~~ 시험을 잘 봤어요.
→ 공부해서

열심히 공부하느라고 ~~시험을 잘 봤어요.~~
→ 힘들었어요.

(3) 운동을 안 했더니 건강이 나빠졌어요. 운동을 좀 ~~하지 그랬어요.~~
→ 할 걸 그랬어요

(6) 감기에 ~~걸려게~~ 손을 자주 씻고 몸을 따뜻하게 하세요.
→ 걸리지 않게

어휘 늘리기

1. (1) ④　　(2) ②　　(3) ①　　(4) ③

2. (1) 사흘이 멀다 하고

(2) 손이 발이 되도록 빌었는데

(3) 지는 게 이기는 거다

(4) 호구로 봤네

실전 쓰기

〈예시하기〉

1.
> 나에게는 스트레스를 푸는 나만의 방법이 있다. **예를 들면** 편의점에서 좋아하는 간식을 많이 사다가 좋아하는 드라마를 보면서 먹는 것이다. 맛있는 간식을 먹으면서 드라마를 보면 힘들었던 일을 잊을 수 있고 기분이 좋아지기 때문이다.

〈가정하기〉

1.
> 얼마 전에 집안일 때문에 룸메이트와 크게 싸웠다. 내 잘못도 있었지만 너무 화가 나서 사과하지 않았다. 내가 사과를 안 했더니 친구도 더 화가 나서 더 이상 같이 살 수 없다고 했다. **만약** 그때 내가 먼저 사과를 **했다면 어땠을까? 그랬다면** 지금 이렇게 새집을 구하느라 힘들지 않아도 **될 텐데** 후회된다.

CHAPTER **6**

음식

6-1 요리책에 나와 있는 대로 만들면 돼요

문법 1

- (1) 친구가 먹는 대로 비빔밥을 먹는다.
  (2) 다른 사람이 가는 대로 따라갔다.
  (3) 선생님이 설명해 주신 대로 문제를 풀었다.

문법 2

- (1) 매일 아침마다 운동을 한다면서요?
  (2) 새로 시작한 드라마가 재미있다면서요?
  (3) 다음 주부터 방학이라면서요?

어휘와 표현

1. (1) 썰다
   (2) 다지다
   (3) 섞다
   (4) 볶다
   (5) 굽다
   (6) 튀기다
   (7) 삶다
   (8) 찌다
   (9) 부치다

듣고 말하기 1

1. (1) 볶음밥
   (2) 후식으로 볶음밥을 먹는 것

듣고 말하기 2

1. (1) 한국 친구의 생일이어서
   (2) ① 마른 미역을 물에 불린다.
      ② 미역을 알맞은 크기로 자른다.
      ③ 미역에 소고기, 다진 마늘과 참기름을 넣고 함께 볶는다.
      ④ 간장으로 간을 한다.
      ⑤ 물을 넣고 끓이기만 하면 된다.
   (3) 생일에 미역국을 먹으면서 부모님의 사랑을 생각하기 때문에
   (4) 미역이 미끄러워서 시험에 떨어진다고 생각하기 때문에

6-2 한국에서 살다 보니까 익숙해지더라고요

문법 1

- (1) 한국 드라마를 보다 보니까 듣기 실력이 늘었다.
  (2) 한국어로 된 책을 읽다 보니까 한국어 공부에 도움이 된다.
  (3) 친구와 이야기하다 보니까 좋은 생각이 났다.

문법 2

- (1) 주스가 없으니까 녹차라도 드세요.
  (2) 검은색 옷이 다 팔렸으면 파란색 옷이라도 사야겠어요.
  (3) 한강 공원이 멀면 집 근처 공원에라도 가세요.

어휘와 표현

1. (1) 싸 먹다   (2) 비벼 먹다
   (3) 말아 먹다   (4) 부어 먹다
   (5) 찍어 먹다

2. (1)–㉱   (2)–㉮   (3)–㉯
   (4)–㉰   (5)–㉬

읽고 말하기 1

1. (1) 삼겹살
(2) 맛있을 뿐만 아니라 건강에도 좋기 때문에

읽고 말하기 2

1. (1) 다양한 양념으로 만든 소스에 치킨을 넣어 만든다.
(2) 비벼 먹는 비빔밥, 싸 먹는 삼겹살, 말아 먹는 국밥
(3) 다양한 영양분을 골고루 섭취할 수 있을 뿐만 아니라 자신의 입맛에 맞게 만들어 먹을 수 있다.

6-3 한 단계 오르기

생각해 봅시다

1. (2) 포장지가 크니까 선물 크기에 맞게 ~~썰어서~~ 사용하고 남은 것은 잘 보관하세요.
→ 잘라서
(3) 나쁜 공기를 많이 ~~섭취하면~~ 건강에 좋지 않으니 외출할 때는 마스크를 꼭 끼세요.
→ 마시면
(4) 두 사람은 나이뿐만 아니라 성격이나 취향도 비슷해서 잘 ~~어우러지는~~ 커플이에요.
→ 어울리는

2. (1) 엠마 씨가 만든 건 다 맛있어요. 요리를 ~~잘한다면서요?~~
→ 잘하시네요.
(3) 다음 질문을 잘 듣고 ~~질문대로~~ 대답해 보세요.
→ 질문에 맞게
(4) 그 사람이 어떤 사람인지 궁금했는데 ~~알타카 보니까~~ 유명한 가수더라고요.
→ 알아 보니까
(6) 토픽 신청하는 법을 모르니까 이따가 친구가 ~~신청할 대로~~ 따라 해야겠어요.
→ 신청하는 대로

어휘 늘리기

1. (1) ② (2) ③ (3) ① (4) ④

2. (1) 밥도둑이야
(2) 입이 짧아서
(3) 인생의 쓴맛을
(4) 김칫국부터 마시지

실전 쓰기

1.
요즘 식당에는 사람 대신 기계를 사용해 주문해야 하는 경우가 많다. 이런 키오스크에서 주문할 때에는 우선, 언어를 **선택한 후에** 주문할 메뉴를 선택해야 한다. 그다음에 결제 방법을 선택하고 **나서 마지막으로** 결제하기만 하면 된다.

2.
토픽 시험을 접수하려면 먼저 토픽 홈페이지에 회원 가입을 해야 한다. 그 후에 시험 장소를 **선택한 다음에** 응시료를 결제해야 한다. **마지막으로** 수험표를 **출력하기만 하면 된다.**

3. (1) 제일 먼저 손을 깨끗하게 씻고, 요리에 사용할 재료를 준비해야 합니다.
(2) **그다음에** 냄비에 물과 떡을 넣고 **끓입니다.** 떡이 익는 동안 어묵과 파를 알맞은 크기로 **썹니다.** 물이 끓은 후에 어묵, 고추장, 고춧가루, 간장, 설탕을 **넣습니다.** 그리고 나서 국물이 끓어서 적어지면 파를 **넣습니다.**
(3) **마지막으로** 다 익은 떡볶이를 그릇에 담기만 하면 됩니다.

듣기 대본

CHAPTER 1
서울

1-1 서울에는 구경할 곳이 정말 많대요

듣고 말하기 1

첸 파비우 씨, 뭘 그렇게 열심히 보고 있어요?

파비우 아, 첸 씨! 빈 씨가 올린 홍대 앞 소개 영상을 보고 있었어요. 정말 재미있네요. 첸 씨도 홍대 앞에 자주 가는 편이에요?

첸 쇼핑하러 몇 번 가 본 적은 있지만 저는 주로 집이랑 학교만 왔다갔다해서 좋은 곳은 많이 못 가 봤어요. 클럽도 아직 못 가 봐서 다음 주에 친구하고 가 볼 예정이에요.

파비우 그래요? 그럼 이번 주말에 저랑 같이 구경하러 갈래요?

첸 좋아요! 빈 씨의 영상에서 어디를 추천했어요?

파비우 홍대 앞에서 쇼핑하고, 경의선 숲길을 걸으면서 연남동을 구경하는 코스를 추천한대요. 멋진 길거리 공연도 즐길 수 있고 예쁜 가게들도 많대요.

첸 연남동은 저도 안 가 봤어요. 이번 기회에 좋은 곳을 많이 가 봐야겠네요.

파비우 좋아요. 저도 정말 기대되는데요!

듣고 말하기 2

파티마 파비우 씨, 한국 생활은 어때요? 좀 적응됐어요?

파비우 글쎄요. 아직 정신이 없네요.

파티마 파비우 씨는 한국이 처음이지요?

파비우 아니에요. 어렸을 때 가족들이랑 서울에 여행을 온 적이 있어요. 그때 경복궁이랑 남산타워에 가 봤어요.

파티마 오랜만에 서울에 오니까 좋지요?

파비우 네, 교통도 편리하고 안전해서 좋아요. 얼마 전에 첸 씨랑 같이 홍대 앞을 구경했는데요. 밤이 되어도 사람들이 굉장히 많았어요.

파티마 맞아요, 서울은 불이 꺼지지 않는 도시지요. 그래서 야경도 멋지고요. 파비우 씨는 잠실에 새로 생긴 전망대는 안 가 봤겠네요. 저도 아직 못 가 봤는데 남산에서 보는 야경도 멋지지만 잠실에서 보는 야경도 아주 멋지대요.

파비우 그래요? 거기도 꼭 가 봐야겠네요. 파티마 씨는 서울이 마음에 들어요?

파티마 네, 제가 서울을 얼마나 좋아하는데요. 서울은 조선 시대부터 오랜 세월 동안 정치, 경제, 문화와 역사의 중심지였대요. 이렇게 과거와 현재를 함께 느낄 수 있다는 것이 제가 서울을 좋아하는 이유예요. 빌딩 사이로 보이는 고궁이나 한옥들이 얼마나 멋지다고요.

파비우 우와, 파티마 씨는 서울에 대해서 많이 아네요!

파티마 하하, 아니에요. 제가 전통문화랑 역사에 관심이 조금 많거든요. 분명히 파비우 씨도 앞으로 점점 서울을 좋아하게 될 거예요.

파비우 네! 파티마 씨 이야기만 들어도 벌써 서울이 좋아진 것 같은데요!

CHAPTER 2
유학 생활

2-1 지금처럼 계속 노력한다면 좋은 결과가 있을 거예요

듣고 말하기 1

토픽 시험을 보려고 하는데 어떻게 해야 할지 몰라서 걱정입니까? 너무 걱정하지 마세요. 토픽 시험은 토픽 홈페이지에 접수 방법이 잘 설명되어 있으니 그것을 보고 접수하면 됩니다. 그런데 시험장을 선택하는 일은 쉽지 않습니다. 토픽 시험장은 여러 곳에 있지만 대학 입학을 위해 시험을 보는 외국인 유학생들이 많아서 원하는 곳을 신청하기 어렵기 때문입니다. 따라서 시험을 보기로 결심했다면 일정을 확인하고 빨리 시험을 접수하는 것이 좋습니다. 토픽 시험을 준비하는 우리 학생들, 모두 힘내세요.

듣고 말하기 2

첸 카린 씨, 또 네일 아트 영상을 보는 거예요?

카린 네, 요즘 관심이 생겨서 자꾸 보게 돼요. 예쁜 모양을 만드는 게 재미있어요.

첸 관심 분야가 생기면 그렇게 되지요. 저는 요즘 요리하는 사람이 멋있어 보여서 빵 만드는 영상만 봐요.

카린 우리 모두 한국 생활에 잘 적응했나 봐요. 예전에는 한국이나 한국 생활에 대한 것만 봤는데요.

첸 그러게요. 그리고 보면 유학을 오고 나서 할 수 있는 게 많아졌어요. 고향에 있을 때보다 직접 해야 하는 게 많아서 그런 것 같아요.

카린 저도 그런 것 같아요. 한국에서 혼자 살면서 이것저것 해서 반쯤 전문가가 된 것도 같고요.

첸 하하, 정말 그렇네요. 그래도 조금은 아쉬워요. 이렇게 관심이 생겼는데 지금은 한국어 공부부터 해야 하니까요.

카린 맞아요, 저도 조금 아쉽다고 생각했어요. 만약 고향에 있었다면 제대로 배우러 다니거나 자격증 공부를 시작했을 것 같거든요.

첸 한국에서도 해 볼 수 있지 않을까요?

카린 그런데 외국인이 딸 수 있는 자격증이 있겠어요?

첸 운전면허는 딸 수 있으니까 또 모르지요. 한번 찾아봅시다.

(각자 휴대폰을 보며)

첸 기능사 시험은 누구나 볼 수 있다고 하는 걸 보니까 기능사 자격증은 외국인도 딸 수 있나 봐요.

카린 어디 좀 봐요. 어머, 정말이네요? 전 우리가 볼 수 있는 시험은 토픽 시험밖에 없다고 생각했는데 생각보다 많네요.

첸 토픽 시험을 공부하는 대신에 자격증 시험을 공부하는 것도 좋을 것 같아요. 한국어도 공부하고 관심 분야의 자격증도 딸 수 있으니까요.

카린 맞아요. 실기 시험은 어떻게 보는지 알아야 합격할 수 있으니까 학원 같은 데서 배우면 한국 사람도 만날 수 있고요.

첸 한국어 실력도 예전보다 좋아졌으니까 우리도 자격증 시험을 한번 준비해 볼까요?

CHAPTER 3
소중한 추억

3-1 여행을 하면 기분이 좋아질 뿐만 아니라 많은 것을 배울 수 있어요

듣고 말하기 1

직원 네, 홍익 여행사입니다.

민아 안녕하세요? 유럽 여행 포스터를 보고 연락 드렸는데요.

직원 패키지여행을 말씀하시는 건가요?

민아 아니요, 제가 본 '대학생을 위한 유럽 배낭여행' 포스터에는 여행사에서 숙소와 비행기표, 기차표 예약만 대신해 준다고 써 있었는데 아닌가요?

직원 아, 맞습니다. 여행 일정과 인원을 저희에게 알려 주시면 예약 가능한 숙소 목록뿐만 아니라 비행기표와 기차표 목록도 메일로 보내 드립니다. 메일을 받으시면 목록에서 원하는 것을 골라 주시면 됩니다.

민아 네, 알겠습니다. 그런데 저는 친구와 함께 가려고 하는데, 혹시 할인은 안 되나요?

직원 2명 이상 예약하시면 10%(퍼센트) 할인을 해 드리고 있습니다. 포스터 아래에 할인 쿠폰이 있었을 텐데 못 보셨습니까?

민아 아, 그래요? 한번 확인해 보고 다시 연락 드릴게요.

직원 네, 감사합니다.

듣고 말하기 2

마크 엠마, 너는 여행을 자주 해 봤지? 어디가 가장 좋았어?

엠마 나는 유학을 오기 전에 한국에 와 봤는데, 그때 한 서울 여행이 가장 인상적이었어.

마크 왜 서울 여행이 가장 기억에 남았어?

엠마 여행을 하면서 한국에 유학을 오기로 결심했거든. 종로에 있는 한옥 게스트 하우스에서 묵었는데 전통문화와 현대 문화를 함께 느낄 수 있어 신기했을 뿐만 아니라 함께 지낸 사람들이 친절해서 좋았어. 그래서 한국에서 살아 보려고 유학을 왔어.

마크 그럼 혹시 나쁜 기억으로 남아 있는 여행은 없어?

엠마 고등학생 때 친한 친구와 한 미국 국내 여행이 가장 별로였어.

마크 국내 여행이면 별로 힘들지 않았을 텐데 왜 별로였어?

엠마 여행을 가기 전에는 몰랐는데 친구가 사진 찍는 걸 너무 좋아하더라고. 음식을 먹을 때뿐만 아니라 관광지에서도 인증샷을 너무 많이 찍어서 한참 기다려야 했어. 나는 인증샷 찍는 걸 별로 안 좋아하거든.

마크 여행은 취향이 비슷한 사람과 함께 가야 하는 것 같아.

엠마 맞아. 나는 관광하는 걸 좋아하는데 쉬는 걸 좋아하는 친구와 여행을 가면 어쩔 수 없이 혼자 구경해야 할 때도 있어서 심심하더라고.

마크 나도 여행을 가면 쉬는 것보다 구경하는 걸 좋아해. 일할 때 사진을 많이 찍으니까 평소에는 사진도 잘 안 찍고.

엠마 그래? 그럼 다음 방학에 같이 경주로 여행을 가지 않을래?

마크 좋아. 근데 경주는 어떤 곳인데?

엠마 천 년 동안 '신라'의 수도였대. 그래서 여기저기에 유적지가 많대.

마크 진짜? 그럼 나는 오늘 집에 가는 길에 서점에 들러서 경주의 역사에 대한 책을 찾아봐야겠어.

엠마 그럼 내가 왕복 기차표와 숙소를 알아볼게. 서로 알아보고 같이 일정을 짜면 되겠다.

CHAPTER 4

성격과 감정

4-1 그건 너답지 않아

듣고 말하기 1

파티마 첸 씨, 어제 잠을 못 잤나 봐요. 피곤해 보이네요.

첸 어제 밤늦게까지 청소를 했거든요.

파티마 갑자기 청소는 왜요? 손님이 오세요?

첸 아니요, 손님은 벌써 왔다 갔어요. 어제 서준 씨 친구들이 우리 집에 모여서 파티를 했어요.

파티마 그럼 서준 씨가 청소를 해야 하는 거 아니에요? 왜 첸 씨가 밤늦게까지 혼자서 했어요?

첸 서준 씨가 청소를 했는데 깨끗하게 하지 않아서 제가 다시 했어요. 서준 씨는 다 좋은데 좀 게으른 편이어서 평소에도 청소나 빨래를 잘 안 해요.

파티마 그럼 같이 살기 불편하지 않아요? 서준 씨한테 이야기를 하지 그래요?

첸 저도 말을 하고 싶은데 서준 씨가 잘 삐지는 성격이라 표현하기가 조심스러워요. 제가 깨끗한 걸 좋아하니까 그냥 제가 하면 돼요.

파티마 그래도 계속 같이 살려면 불편한 점은 서로 이야기하는 게 좋아요. 부탁하는 것처럼 말하면 서준 씨도 기분 나빠하지 않을 거예요.

듣고 말하기 2

여러분은 사람을 처음 만나면 그 사람에 대해 알기 위해 어떤 질문을 합니까? 보통 이름이나 국적, 하는 일 등을 물어보지만 그런 질문으로는 실제 그 사람이 어떤 성향의 사람인지는 알 수 없을 것입니다.

"혈액형이 뭐예요?", "무슨 별자리예요?", "MBTI가 어떻게 되세요?" 혹시 여러분은 이런 질문을 받아 보셨습니까? 예전에는 혈액형이나 별자리에 따라 사람의 성격이 다르다고 생각해서 물어보는 경우가 많았다면 요즘은 혈액형이나 별자리 대신에 MBTI를 많이 물어본다고 합니다. MBTI는 쉽게 말하면 사람의 성격을 알아보는 검사인데 사람의 성격을 16가지로 나눈 것을 말합니다. 그리고 이 결과는 어떤 사람의 평소 행동이나 특성을 이해하는 데 도움을 줄 수 있다고 합니다. 그래서 '나'를 더 잘 알고 싶어 하는 요즘 사람들이 이런 검사에 관심이 많은 것 같습니다. 하지만 정말 혈액형이나 별자리에 따라 성격이 다를 수 있을까요? 또 세상의 모든 사람들을 16가지로 나눌 수 있을까요? 물론 혈액형이나 별자리, MBTI로 외향적인지 내성적인지, 또는 이성적인지 감성적인지 정도는 알 수 있을 것입니다. 하지만 그런 몇 가지 질문만으로 사람을 미리 평가하는 것은 어리석은 일이라고 생각합니다. 어떤 사람을 알기 위해서는 그 사람에게 관심을 가지고 많은 시간 동안 그 사람의 주변 사람들, 일상생활에 대해 질문하면서 그 사람다운 것을 찾아내야 합니다. 왜냐하면 혈액형이나 별자리, MBTI

같은 검사 결과가 아니라 나다운 행동이, 그리고 그것이 너답다는 사람들의 평가가 내가 어떤 사람인지 말해 주고 설명해 줄 수 있기 때문입니다.

CHAPTER 5
대인 관계

5-1 아르바이트를 하느라고 모임에 못 갔어요

듣고 말하기 1

엠마 첸 씨! 어제 우리집에 왜 안 왔어요? 친구들이랑 얼마나 재미있었는데요.

첸 어, 엠마 씨 미안해요. 어제 친구 숙제를 도와주느라고 엠마 씨 집에 못 갔어요.

엠마 그랬군요. 다음에는 꼭 놀러 오세요.
아, 맞다. 첸 씨, 강아지 키우죠?

첸 네, 왜요?

엠마 잘됐다! 제가 내일 갑자기 친구랑 여행 가게 됐거든요. 제 고양이 좀 부탁할게요.

첸 네? 고양이를요? 어… 하지만….

엠마 괜찮아요, 괜찮아. 우리 고양이는 정말 순하거든요. 제가 맛있는 거 사 줄 테니까 주말 동안 좀 돌봐주세요. 이따가 제가 고양이 데리고 갈 테니까 준비하고 있어요! 이따 봐요!

첸 (혼잣말) 아… 어떡하지? 나 고양이 무서워하는데….

듣고 말하기 2

사회자 여러분도 주변 사람들에게 곤란한 부탁을 받았을 때 거절하기 힘들어서 부탁을 들어줬던 경험이 있을 것입니다. 오늘은 전문가를 모시고 거절 잘하는 방법에 대해 알아보겠습니다. 선생님, 안녕하십니까?

전문가 네, 안녕하세요?

사회자 선생님, 사람들이 원하지 않는 부탁을 받았을 때에도 쉽게 거절하지 못하는데요, 왜 그럴까요?

전문가 대부분의 사람들은 상대방이 어려운 부탁을 하면 거절하고 싶은 마음과는 반대로 거절을 못하는 경우가 많습니다. 사실은 거절하고 싶지만 그 사람과의 관계가 어색해질까 봐 어쩔 수 없이 알겠다고 한 후에 아까 그냥 거절할 걸 그랬다고 후회하는 것이지요. 하지만 이렇게 거절하는 말을 잘 못 하면 너무 많은 일을 하게 되고 그 일을 끝내지 못해서 오히려 다른 사람에게 피해를 주거나 인간 관계가 나빠지게 됩니다.

사회자 네, 저도 평소에 거절을 잘 못 해서 곤란할 때가 많은데요, 친구의 부탁을 들어주느라고 제 일을 제때 못 할 때도 있었거든요. 어떻게 하면 거절을 잘 할 수 있을까요?

전문가 저는 세 가지 방법을 이야기하고 싶은데요. 우선, 거절을 할 때는 거절하는 이유와 함께 정확하고 솔직하게 '안 된다'고 말해야 합니다. 보통은 상대방의 기분이 상할까 봐 직접적으로 거절하지 않고 돌려서 말하려고 하지요. 하지만 돌려서 말하면 의미가 정확하게 전달되지 않을 수도 있고 상대방이 오해할 수도 있습니다. 다음으로 대안을 제시하는 것입니다. 상대방의 부탁에 대해 자신이 어디까지 할 수 있는지 얘기하고 그 이상은 안 된다고 확실하게 말하는 것입니다. 예를 들어, 친구가 갑자기 공부를 도와달라고 부탁했을 때 "오늘은 일이 있어서 안 되지만 주말은 괜찮은데 어때?"하면서 대안을 제시하면 친구도 거절을 당했다고 생각하지 않을 것입니다. 마지막으로 거절을 할 때 시작과 끝을 긍정적인 말로 하는 것입니다. 친구가 도와달라고 했을 때 "나도 너를 정말 도와주고 싶어. 하지만 이번엔 안 될 것 같아. 다음엔 꼭 도와줄게." 이런 방법으로 거절하면 거절하는 사람도 덜 부담스럽고 거절당하는 사람도 훨씬 덜 기분 나쁘게 생각할 것입니다.

사회자 네, 지금까지 거절을 잘하는 방법에 대해 알아봤는데요, 이런 방법을 사용한다면 거절을 훨씬 잘 할 수 있을 것 같습니다. 오늘 좋은 말씀 감사합니다.

CHAPTER 6

음식

6-1 요리책에 나와 있는 대로 만들면 돼요

듣고 말하기 1

엠마 : 카린 씨, 한국 사람들은 후식으로 볶음밥을 먹는 다면서요?

카린 : 네? 볶음밥이요?

엠마 : 지난번에 한국 친구랑 닭갈비를 먹으러 갔는데 닭갈비를 다 먹고 나서 또 밥을 볶아서 먹더라고요.

카린 : 아, 맞아요. 저도 지난번에 도우미 친구랑 신당동 떡볶이 타운에 갔는데 한국 사람들이 떡볶이를 먹은 후에 치즈 볶음밥을 만들어서 먹고 있었어요. 한국 사람들은 배도 부를 텐데 왜 또 밥을 먹을까요?

엠마 : 그러게요. 저기 저 사람들도 지금 볶음밥 먹고 있죠? 여기도 볶음밥 메뉴가 있나 봐요.

직원 : 손님, 주문하신 찜닭 나왔습니다. 찜닭을 다 드신 후에 볶음밥도 드실 수 있으니까 원하시면 주문해 주세요.

카린 : 볶음밥은 어떻게 먹으면 되나요?

직원 : 찜닭을 먼저 드시고 남은 양념에 밥이랑 김을 넣고 잘 섞은 다음, 불을 켜고 잠시 기다리시기만 하면 돼요.

엠마 : 우리도 오늘은 한국 사람들이 먹는 대로 먹어 봅시다. 저희도 볶음밥 추가해 주세요!

직원 : 네, 알겠습니다.

듣고 말하기 2

빈 : 민아야, 혹시 미역국 어떻게 끓이는지 알아?

민아 : 미역국? 갑자기 미역국은 왜?

빈 : 내일이 내 한국 친구 생일이거든. 한국 사람들은 생일날 미역국을 먹는다면서? 그래서 미역국을 끓여 주려고.

민아 : 미역국은 끓이기 쉬워. 먼저 미역을 불려야 하는데 집에 미역은 있어? 없으면 마트에서 마른 미역을 사다가 물에 30분 정도 불려.

빈 : 그다음엔?

민아 : 미역을 알맞은 크기로 잘라서 냄비에 넣어. 거기에 소고기, 다진 마늘, 참기름을 넣고 함께 볶으면서 간장으로 간을 해. 그다음에 물을 붓고 끓이기만 하면 돼.

빈 : 정말? 진짜 간단하네.

민아 : 응, 별로 어렵지 않으니까 내가 가르쳐 준 대로 해 봐.

빈 : 가르쳐 줘서 고마워. 그런데 한국 사람들은 왜 생일에 미역국을 먹는 거야? 나 그게 항상 궁금했어.

민아 : 음, 한국에서는 어머니들이 아이를 낳은 후에 꼭 미역국을 먹거든. 미역국은 영양분이 많아서 아이를 낳은 어머니들이 몸을 회복하려고 먹는 음식이야. 우리 어머니도 나를 낳고 나서 한 달 동안 미역국을 드셨다고 하더라고.

빈 : 한 달이나? 그런데 어머니들이 먹었던 미역국을 생일에 왜 먹지?

민아 : 생일에 미역국을 끓이면서 부모님은 자식이 올해도 건강하기를 바라고, 자식은 그 미역국을 먹으면서 부모님의 사랑을 생각하기 때문이야. 그래서 한국 사람들은 생일인 사람에게 '미역국은 먹었어?' 하고 물어봐.

빈 : 우와, 미역국은 사랑의 음식이네!

민아 : 하하, 맞아. 그런데 한국에서 미역국을 먹으면 안 되는 날도 있는 거 알아?

빈 : 미역국을 먹으면 안 되는 날도 있어?

민아 : 응, 중요한 시험이 있는 날에는 미역국을 먹으면 안 돼. 미역이 미끄러워서 시험에 떨어진다고 생각하거든. 그래서 '나 이번 시험에서 미역국 먹었어'라고 하면 시험에서 떨어졌다는 의미야.

빈 : 어휴, 나 다음 달에 토픽 시험 있는데 미역국 먹으면 안 되겠다.

민아 : 하하하, 시험 보는 날에만 안 먹으면 되니까 걱정하지 마.

색인

ㅈ

MEMO

MEMO

Hi! KOREAN 3A
Student's Book

지은이 김수미, 신현주, 이현숙, 진혜경
펴낸이 정규도
펴낸곳 (주)다락원

초판 1쇄 인쇄 2023년 11월 10일
초판 1쇄 발행 2023년 11월 17일

책임편집 이숙희, 한지희
디자인 김나경, 안성민, 김희정
일러스트 윤병철
번역 Jamie Lypka
이미지출처 shutterstock, iclickart

다락원 경기도 파주시 문발로 211, 10881
내용 문의 : (02)736-2031 내선 420~426
구입 문의 : (02)736-2031 내선 250~252
Fax : (02)732-2037
출판등록 1977년 9월 16일 제406-2008-000007호

ISBN 978-89-277-3322-5 14710
       978-89-277-3313-3(set)

http://www.darakwon.co.kr
다락원 홈페이지를 방문하시면 상세한 출판 정보와 함께
MP3 자료 등 다양한 어학 정보를 얻으실 수 있습니다.

Hi! KOREAN

문법·어휘 학습서

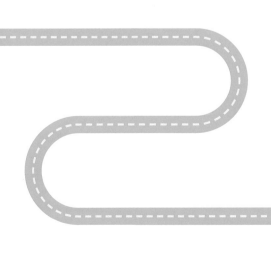

3A

DARAKWON

목차

CHAPTER

01 서울

1-1 서울에는 구경할 곳이 정말 많대요

어휘와 표현

주제 어휘

강남	Gangnam (lit. south of the river)	수도	capital
강북	Gangbuk (lit. north of the river)	인구	population
대교	bridge	중심지	hub, center
대도시	metropolis	한강	Hangang river
도심	downtown		

기타 추가 어휘

(불이) 꺼지다	(for a light) to be turned off	안전하다	to be safe
경제	economy	예정	schedule
고궁	old palace	이루다	to achieve, to realize
과거	the past	적응하다	to adjust to
광장히	extremely, very	정치	politics
길거리	street, road	조선 시대	the Joseon Dynasty
꿈	dream	착용하다	to wear, to put on
멋지다	to be cool	최신	newest, latest
분명히	clearly	포기하다	to give up
사이	between	폭설	heavy snow
세월	time	합격하다	to pass (a test)
숲길	trail, forest road	휴무	closed (for business)

문법

1 A-대(요) V-ㄴ/는대(요)

The shortened versions of A-다고 해요 and V-ㄴ/는다고 해요. A colloquial expression used when conveying something you've heard or information you already know to another person.

Ex.
- 엠마 씨는 친구들과 한국어로만 **이야기한대요**.
- 친구에게 들었는데 한강의 야경이 아주 **아름답대요**.
- 마크 씨는 취미가 **쇼핑이래요**.
- 내일 산에 가니까 편한 신발을 신고 **오래요**.
- 룸메이트가 주말에 같이 마트에 **가재요**.
- 한국 친구가 저에게 왜 한국어를 **배우냬요**.

	V-ㄴ/는다고 하다	V-ㄴ/는대(요)
평서문 declarative sentence	A-다고 하다	A-대(요)
	N(이)라고 하다	N(이)래(요)
명령문 imperative sentence	V-(으)라고 하다	V-(으)래(요)
청유문 request	V-자고 하다	V-재(요)
의문문 interrogative sentence	A/V-냐고 하다	A/V-냬(요)

With V-아/어 주다, you must differentiate between -아/어 달래요 and -아/어 주래요.

엠마 이사하는데 좀 도와주세요.
가 엠마 씨가 뭐래요?
나 이사하는데 도와달래요.

선생님 엠마 씨가 이사하는데 좀 도와주세요.
가 선생님이 뭐래요?
나 엠마 씨가 이사하는데 도와주래요.

2 A/V-아/어도

Used when the preceding situation or action has no effect on the fact that follows. Used when there is a situation or action performed in the preceding clause, but the situation or action in the following clause is completed regardless.

Ex.
- 비가 **와도** 운동을 가야 해요.
- 단어를 아무리 **외워도** 시험 볼 때 생각이 안 나요.

Usually used with the adverb 아무리 to emphasize the degree of an action or state (the action is performed a lot, to a strong degree, or the state is at the maximum).
- 아무리 피곤해도 숙제는 꼭 하고 자요.

어휘와 표현

주제 어휘

당일치기	in one day	수도권	the capital area
들다	to change color	알려지다	to become well-known
떨어지다	to be at a distance	완벽하다	to be perfect
먹을거리	food, something to eat	이동하다	to move
볼거리	spectacle, attraction		

기타 추가 어휘

그러나	however	자료	materials
남한	South Korea	전기	electricity
노선도	route map	전쟁	war
북한	North Korea	전철	electric railway
선정되다	to be selected	주의하다	to be careful, to use caution
성곽	fortress	즐길 거리	something to do (for fun), fun thing
숙소	accommodations	지상	above ground
왕	king	지역	area
왜냐하면	because	촬영하다	to film
유네스코 세계 문화유산	UNESCO World Heritage Site	포함하다	to include
이외	besides		

1 A–(으)ㄴ 걸 보니(까)   A–(으)ㄴ가 보다 V–나 보다
V–는 걸 보니(까)   A–(으)ㄴ가 보다 V–나 보다

Used when making a guess about the past, present, or future of a situation or state based on the current situation or state. A–(으)ㄴ 걸 보니(까) and V–는 걸 보니(까) shows the reason and basis for the speaker's guess, and A–(으)ㄴ가 보다 and V–나 보다 show the guess based on the preceding clause.

Ex.
- 안경을 쓴 걸 보니 눈이 **나쁜가 봐요.**
- 이 식당에 사람이 **많은** 걸 보니까 음식이 **맛있나 봐요.**
- 가게 문이 **닫혀 있는** 걸 보니 오늘이 쉬는 **날인가 봐요.**
- 1급 학생인 걸 보니까 한국에 온 지 얼마 안 **됐나 봅니다.**

	과거 Past	현재 Present	과거 Past	현재 Present
동사 Verb	V–(으)ㄴ 걸 보니(까)	V–는 걸 보니(까)	V–았/었나 보다	V–나 보다
형용사 Adjective	A–았/었던 걸 보니(까)	A–(으)ㄴ 걸 보니(까)	A–았/었나 보다	A–(으)ㄴ가 보다
명사 Noun	N이었/였던 걸 보니(까)	N인 걸 보니(까)	N이었나/였나 보다	N인가 보다

※ The past form for adjectives and nouns will be studied in chapter 3-2.

You can use A–(으)ㄴ가 보다 and V–나 보다 alone without A–(으)ㄴ 걸 보니(까) or V–는 걸 보니(까).
- 이 식당은 음식이 맛있나 봐요.

When using A–(으)ㄴ 걸 보니(까) and V–는 걸 보니(까) with the reason or grounds for a guess, it must be used with a speculative expression.
- 이 식당은 항상 손님이 많은 걸 보니까 음식이 맛있어요. (×)
- 이 식당은 항상 손님이 많은 걸 보니까 음식이 맛있나 봐요. (○)

1. A-(으)ㄴ가 보다 and N인가 보다 can be swapped with A-(으)ㄴ 모양이다 and N인 모양이다, respectively.

- 안경을 쓴 걸 보니 눈이 나쁜 모양이에요.
- 가게 문이 닫혀 있는 걸 보니 오늘이 쉬는 날인 모양이다.

With a verb, the past tense is written as V-(으)ㄴ 모양이다, the present tense as V-는 모양이다, and the future tense as V-(으)ㄹ 모양이다.

- 땅이 젖은 걸 보니 비가 온 모양이에요.
- 사람들이 우산을 쓰고 가는 걸 보니 비가 오는 모양이에요.
- 하늘이 어두워지는 걸 보니 비가 올 모양이에요.

2. A-(으)ㄴ가 보다/V-나 보다 and A-(으)ㄴ 것 같다/V-는 것 같다 are all speculative expressions, but A-(으)ㄴ가 보다 and V-나 보다 cannot be used with things that have been experienced and must have a basis or reason for the speculation.

- 옷을 입어 봤는데 작은가 봐요. (×)
  옷을 입어 봤는데 작은 것 같아요. (○)
- 저 영화가 제 생각에는 재미있나 봐요. (×)
  저 영화가 제 생각에는 재미있을 것 같아요. (○)

---

2 A-(으)ㄴ 대신(에)   V-는 대신(에)   N 대신(에)

Used when swapping a preceding action or thing for an action or thing that follows, or when compensating or supplementing the preceding situation with the situation that follows.

Ex.
- 책을 **읽는 대신에** 영화를 보려고 한다.
- **연필 대신** 볼펜으로 쓰세요.
- 이 집은 월세가 **비싼 대신에** 학교에서 가깝다.
- 친구가 숙제를 **도와주는 대신에** 내가 밥을 샀다.

 When the preceding situation is compensated or supplemented after having been completed, V-(으)ㄴ 대신(에) is used.

- 약속에 늦은 대신 커피를 살게요.

어휘 늘리기

주제 어휘

도시	city	시골	countryside
중심지	hub, center	변두리	outskirts, suburbs
수도	capital	지방	provinces
대도시	metropolis	소도시	small town

기타 추가 어휘

조카	niece, nephew	태어나다	to be born

CHAPTER

유학 생활

2-1 지금처럼 계속 노력한다면 좋은 결과가 있을 거예요

어휘와 표현

주제 어휘

관심 분야	field of interest	자격증	certification, license
시험장	the test site	전문가	expert
실기 시험	performance test	초보자	beginner
일정	schedule	풀다	to solve

기타 어휘

결심하다	to decide, to make up one's mind	목표	goal, objective
기능사	certified technician	미래	future
날마다	everyday	비용	cost, expense
네일 아트	nail art	선수	athlete
누구나	anyone, everyone	—씩	per, each
대단하다	be incredible, to be amazing	알아보다	to look into, to check
따다	to get	운전면허	driver's license
따라서	therefore, so	접수하다	to register
만약	if	제대로	properly

1 A-다면 V-ㄴ/는다면 N(이)라면

Used when making assumptions about a fact or situation. The assumption comes in the preceding clause and is usually something uncertain or contrary to reality. In the clause that follows comes a certain state or action that is performed, according to the content that precedes it.

- 매일 단어 시험이 **있다면** 스트레스를 많이 받을 것 같아요.

- 내일 고향에 **간다면** 부모님과 같이 식사를 하고 싶어요.

- 네가 하고 싶은 **거라면** 한번 해 봐.

- 그 뉴스가 사실이 **아니라면** 발표 자료를 다시 만들어야 할 것 같네요.

> **Careful!**
>
> A-다면, V-ㄴ/는다면 and A/V-(으)면 can be used interchangeably, but A-다면 and V-ㄴ/는다면 cannot be used when speaking about the basis or conditions for the content that follows, or when speaking about habitual and repeated conditions.
>
> - 6시가 넘으면 사무실에 사람이 없다. (○)
>   6시가 넘는다면 사무실에 사람이 없다. (×)
>
> - 고향 이야기를 하면 항상 엄마가 보고 싶다. (○)
>   고향 이야기를 한다면 항상 엄마가 보고 싶다. (×)

V-기 위해(서) N을/를 위해(서)

Used when talking about the objective of doing a certain action. The objective is written in the preceding clause and the action required for that objective is written in the clause that follows.

 • 한국어를 **배우기 위해서** 한국에 왔어요.

• **미래를 위해** 열심히 노력하는 모습이 멋있어요.

> Can be used together with A-아/어지다.
>
> • 건강해지기 위해서 운동하는 것이 중요하다.

Careful!

1. The subject of the preceding and subsequent clauses must be the same.
   • 저는 온라인 수업을 듣기 위해서 노트북을 샀어요.
   • 첸 씨는 온라인 수업을 듣기 위해서 노트북을 샀어요.
   • 제가 온라인 수업을 듣기 위해서 첸 씨가 노트북을 샀어요. (×)

2. Can be used with -지 않다 but cannot be used with -지 못하다.
   • 유급하지 않기 위해서 열심히 공부할 거예요.
   • 유급하지 못하기 위해서 열심히 공부할 거예요. (×)

3. Cannot be used together with A/V-(으)ㄹ 수 있다 or V-아/어 보다 etc.
   • 한국어를 배울 수 있기 위해서 한국에 왔어요. (×)

4. N을/를 위해(서) is used with nouns with abstract meanings like future, health, love, etc. and not with nouns for specific items.
   • 건강을 위해서 담배를 끊는 사람이 많다. (○)
   • 새 옷를 위해서 아르바이트를 해요. (×)
     새 옷을 사기 위해서 아르바이트를 해요. (○)

 Compare!

Used with a similar meaning of expressing the speaker's intentions like V-(으)려고. When using V-기 위해(서), there must be an action that is done to realize the objective.
• 점심에 비빔밥을 먹기 위해서 해요. (×)
  점심에 비빔밥을 먹기 위해서 요리법을 찾아봤어요. (○)
• 점심에 비빔밥을 먹으려고 해요.

야구 경기를 관람했는데 정말 재미있더라고요

어휘와 표현

주제 어휘

감상하다	to appreciate	응원하다	to cheer for
관람하다	to watch (a show, game etc.)	즐기다	to enjoy
시청하다	to watch (on TV)	참여하다	to participate, to join
마음껏	as much as one likes	지루하다	to be boring, to be bored
여가	free time	혜택	benefit
제공하다	to provide	활용하다	to use

기타 어휘

가지	kind (of), variety (of)	문화재	cultural properties
경기	game, match	봉사 활동	volunteer work
경우	case, circumstance	블로그	blog
경제적	economic, financial	살펴보다	to look into, to examine
곤란하다	to be difficult, to be embarrassing	자유롭다	to be free
기회	chance	제도	system
나머지	the rest	조사	survey
늘다	to increase	필수	necessary
목적	goal, objective		

1 A/V-더라고(요)

Used to convey what the speaker learned from personally seeing, hearing, or feeling it in the past to another party in the present.

- 가 영화는 어땠어요?
  나 좀 슬펐어요. 제 친구도 영화를 보면서 **울더라고요**.
- 첸 씨가 주말에 박물관에 **가자고 하더라고요**.
- 저는 이 음악만 들으면 **슬퍼지더라고요**.
- 이번 주 토요일이 첸 씨 **생일이더라고요**.
- 아침에 창문을 열어 보니까 밖에 눈이 많이 **왔더라고요**.

> 1. As the fact must be something that the speaker saw or heard themselves, if the predicate is a motion verb, the first person subject cannot be used. On the other hand, if the predicate is an adjective that indicates an emotion, feeling, or psychological state, the first person subject is used.
>   - 저는 어제 영화를 보더라고요. (×)
>   저는 어제 영화를 봤어요. (○)
>   - 저는 집에 혼자 있으면 심심하더라고요.
>   - 동생은 집에 혼자 있으면 심심하더라고요. (×)
>   동생은 집에 혼자 있으면 심심해하더라고요. (○)
>
> 2. When conveying a fact that has been completed, -았/었더라고(요) is used.
>   - 수업이 끝나고 밖에 나갔는데 눈이 많이 오더라고요. (눈이 오고 있는 장면을 봄.)
>   - 수업이 끝나고 밖에 나갔는데 눈이 많이 왔더라고요. (눈이 쌓여 있는 장면을 봄.)

2 A/V-(으)ㄹ 수밖에 없다

Used in a special situation when no other choices can be made and only that one thing must be done, or when expressing that such a result is natural considering the situation.

- 교과서는 비싸도 **살 수밖에 없어요**.
- 갑자기 일이 생겨서 약속을 **취소할 수밖에 없었어요**.
- 가 첸 씨가 이번에 장학금을 받았대요.
  나 열심히 공부하니까 **성적이 좋을 수밖에 없지요**.

2-3 한 단계 오르기

어휘 늘리기

주제 어휘

참가하다	to participate	참여하다	to participate, to join
참석하다	to attend		
감상하다	to appreciate	구경하다	to see, to watch
관람하다	to watch (a show, game etc.)		

기타 추가 어휘

안부	regards	전하다	to tell, to send

CHAPTER 03 소중한 추억

3-1 여행을 하면 기분이 좋아질 뿐만 아니라 많은 것을 배울 수 있어요

어휘와 표현

주제 어휘

(짐을) 싸다	to pack luggage	(짐을) 풀다	to unpack luggage
국내 여행	domestic travel	해외여행	travel abroad
왕복	round trip	편도	one way
묵다	to stay (at/in)	인상적	memorable, impressive
비용	cost, expense	짜다	to set, to plan
어쩔 수 없다	to have no choice, can't be helped		

기타 어휘

데리고 가다	to take (someone)	인증샷	a photo showed you were there or you did
명소	famous place, attraction	취향	preference, taste
목록	list	쿠폰	coupon
몰래	secretly	특징	characteristic
배낭여행	backpacking	패키지여행	package tour
신기하다	to be amazing	포스터	poster
신라	Silla	한참	a long while
유적지	historic site	현대	the present, modern time
인원	number of people		

1 A/V-(으)ㄹ 뿐(만) 아니라 N뿐(만) 아니라

Used when you want to emphasize that there's not only the content of the preceding clause but also the content of the subsequent clause.

- 매일 수업을 열심히 들을 **뿐만 아니라** 토픽 시험도 준비하고 있다.
- 이 집은 학교에서 **가까울 뿐 아니라** 월세가 싸요.
- 늦잠을 **잤을 뿐만 아니라** 길이 막혀서 많이 늦었다.

		과거 Past	현재 Present
동사 Verb		V-았/었을 뿐(만) 아니라	V-(으)ㄹ 뿐(만) 아니라
형용사 Adjective		A-았/었을 뿐(만) 아니라	A-(으)ㄹ 뿐(만) 아니라
명사 Noun	N(이)다	N이었/였을 뿐(만) 아니라	N일 뿐(만) 아니라
	N	–	N뿐(만) 아니라

 When used with a noun, there is both N일 뿐(만) 아니라 and N뿐(만) 아니라, which differ in the following ways.
- 국립중앙박물관은 무료일 뿐만 아니라 구경할 것이 많아요.
  (국립중앙박물관은 무료이다 + 구경할 것이 많다)
- 한국 학생뿐만 아니라 유학생도 할인을 받을 수 있다.
  (한국 학생은 할인을 받을 수 있다 + 유학생은 할인을 받을 수 있다)

Carefull

1. Because this grammar point is used to add the content that follows to the preceding content, the content that is added cannot have a different meaning to the preceding content.
   - 가 왜 그 식당에 자주 가요?
     나 직원이 친절할 뿐만 아니라 가격이 비싸요. (×)

2. Not used with V-(으)세요 or V-(으)ㅂ시다.
   - 문법을 복습할 뿐만 아니라 단어도 외우세요. / 외웁시다. (×)

2 A/V-(으)ㄹ 텐데

Used when guessing a situation and saying something related to that situation. Used with the assumption, and then the content related to that assumption (the opposite situation, questions, suggestions, etc.)

- 비가 **올 텐데** 나가지 맙시다.
- **바쁘실 텐데** 와 주셔서 감사합니다.
- 마크 씨도 돈이 **없을 텐데** 빌려줘서 정말 고마워요.
- 내일이 아마 빈 씨 **생일일 텐데** 선물을 준비했어요?

> 1. The form A/V-(으)ㄹ 텐데(요) can also be used.
>   - 오늘보다 내일 가는 게 더 좋을 텐데요.
>
> 2. When making an assumption about a situation in the past or a situation that has been completed, A/V-았/었을 텐데 can be used.
>   - 빈 씨는 어제 늦게 잤을 텐데 피곤해 보이지 않네요.
>   - 파비우 씨가 지금쯤 도착했을 텐데 연락해 볼까요?

3-2 여기가 제가 어렸을 때 살던 곳이에요

어휘와 표현

주제 어휘

유치원생	kindergarten student	고등학생	high school student
초등학생	elementary school student	대학생	university student
중학생	middle school student		
어린이	child	청소년	adolescent
사춘기	puberty	성인	adult
가슴이 아프다	to be heartbroken	세월이 흐르다	for time to pass
마중을 나오다	to come to meet (someone), to pick (someone) up	소리가 나다	to make a sound

기타 어휘

가득하다	to be full	언제나	always
결국	finally	언젠가	someday, one day
관계	relationship	인생	life
다리	bridge	조르다	to badger, to pester
무지개	rainbow	주위	around
반려동물	pet	추억	memory
소중하다	to be precious, to be important	한동안	a long while
시기	time, period	형제	sibling
시절	days, a period of time	후회	regret
어른	adult		

1 V-던 N   A-았/었던 N

Used when talking about something that started in the past and still hasn't ended, or when talking or reminiscing about a past state or something that happened often or once in the past.

- 어제 먹던 케이크가 냉장고에 있는데 좀 드실래요?
- 아까 하던 숙제를 끝내고 게임을 하세요.
- 도서관에서 책을 빌렸는데 지난번에 봤던 책이에요.
- 저는 어렸을 때 행복했던 기억이 많아요.

1. When talking about something that isn't done now but used to be done frequently in the past, V-던 N and V-았/었던 N can be swapped without much difference in meaning.

- 여기가 제가 유학할 때 자주 가던 커피숍이에요.
  여기가 제가 유학할 때 자주 갔던 커피숍이에요.

2. When talking about something that occurred once in the past on a particular day or something that cannot be repeated, V-았/었던 N must be used.

- 작년에 샀던 책인데 너무 어려워서 다 못 읽었어요. (O)
  작년에 사던 책인데 너무 어려워서 다 못 읽었어요. (×)

3. A-았/었던 N is the past tense of A-(으)ㄴ N.

A-(으)ㄴ 것 같다
A-(으)ㄴ 모양이다
A-(으)ㄴ 적이 있다

➡

A-았/었던 것 같다
A-았/었던 모양이다
A-았/었던 적이 있다

Compare!

When talking about a situation that has been completed, V-(았/었)던 N can be swapped with V-(으)ㄴ N, but when there's no need to remember the noun, V-(았/었)던 N isn't used.

- 여기가 제가 유학할 때 자주 <u>가던 커피숍</u>이에요.
  ≒ 간 커피숍

- 작년에 <u>샀던 책</u>인데 너무 어려워서 다 못 읽었어요.
  ≒ 산 책

- 작문을 다 쓴 사람은 집에 가도 됩니다. (O)
  작문을 다 쓰던 사람은 집에 가도 됩니다. (×)

② V-자마자

Used when the following action is done as soon as the preceding action is completed, or when the following thing occurs a short time after the preceding thing finishes. Because the short time between the two actions or things is based on the speaker's personal feelings, it can be different from the actual time that passed.

- 친구는 내 이야기를 **듣자마자** 화를 냈다.
- 버스에서 **내리자마자** 비가 오기 시작했다.
- 음식을 **주문하자마자** 나와서 깜짝 놀랐어요.
- 한국에 **오자마자** 새 친구를 사귀었다.

> **Careful!**
> Always used in the present tense and cannot be used with irregular forms.
> - 밥을 먹었자마자 숙제를 해요. (×)
> - 학교에 안 가자마자 잠을 잤어요. (×)

3-3 한 단계 오르기

어휘 늘리기

주제 어휘

예매	booking	예약	reservation
일정	schedule	휴양지	vacation spot
관광지	tourist attraction	유적지	historic site
숙소	accommodations	유스호스텔	youth hostel
게스트하우스	guest house	모텔	inn, motel
종류	types	패키지여행	package tour
자유 여행	independent travel		
언제나	always	언젠가	someday, one day
누구나	anyone, everyone	누군가	someone
어디나	anywhere, everywhere	어딘가	somewhere
무엇이나	anything, everything	뭔가	something

기타 추가 어휘

기술	technology	자신감	confidence
내내	throughout		

22

성격과 감정

4-1 그건 너답지 않아

어휘와 표현

주제 어휘

게으르다	to be lazy	느긋하다	to be laid-back
급하다	to be in a hurry	부지런하다	to be diligent
꼼꼼하다	to be meticulous, to be thorough		
감성적	emotional	외향적	extroverted
내성적	introverted	이성적	rational
소극적	passive	적극적	active

기타 어휘

검사	test	역시	as expected
군인	soldier	예전	the old days
당황스럽다	to be embarrassed	용감하다	to be courageous
대표팀	national team	일상생활	daily life
모범생	model student	자랑	show-off, being proud of, boasting
별자리	zodiac sign, constellation	자리	seat, spot
삐지다	to sulk, to become sullen	조심스럽다	to be careful
성향	disposition	특성	character
세계적	global	평가	evaluation
실제	reality	표현하다	to express
씩씩하다	to be brave	혈액형	blood type
어리석다	to be foolish		

1 N답다, N스럽다

N답다 is used when a noun has the properties, characteristics, or qualifications which that noun must ordinarily have, and N스럽다 is used when something seems to have similar properties or characteristics as that noun.

Ex.
- 학생이면 **학생답게** 규칙을 잘 지켜야 합니다.
- 아침부터 환자가 많은 걸 보니 역시 유명한 **병원답네요.**
- 친구가 갑자기 울어서 **당황스러웠다.**

1. Because N답다 means that something has the properties, characteristics, or qualifications which that sort of noun must ordinarily have, the subject must be one that falls under the same category as the noun. Conversely, because N스럽다 means that something has similar properties or characteristics as that noun, the subject must not fall under the same category as the noun.
   - 어른이면 어른답게 행동하세요.
   - 아이가 말하는 게 참 어른스러워요.

2. Because N답다 is used with a noun that indicates qualifications or status, it can be used not just with nouns related to people, but also for concrete nouns for places or institutions. On the other hand, while N스럽다 is not used with nouns for places or institutions, it is used not only with concrete nouns but also with abstract nouns.
   - 남산은 유명한 관광지답게 평일에도 사람이 많네요.
   - 이 카페는 공부하는 사람들이 많아서 학교스러워요. (×)
   - 아이가 자는 모습은 정말 사랑스럽다.

2 V-지 그래(요)?, V-지 그랬어(요)?

V-지 그래요? is an expression used when suggesting or recommending an action that can help the listener in the future, and can be used as a soft or gentle command, while V-지 그랬어요? is used when pointing out that the speaker's past action was regretful or wrong.

Ex.
- 가 오늘 배운 문법은 너무 어려운 것 같아요.
  나 잘 모르겠으면 선생님께 **물어보지 그래요?**

- 가 수영을 하는 날인데 피곤하네요.
  나 그럼 그냥 **가지 말지 그래요?**

- 가 버스에서 넘어져서 다리를 다쳤어요.
  나 그러니까 손잡이를 꼭 **잡지 그랬어요?**

1. As V-지 그래요? has the meaning of an order or request, it isn't often used with those of a higher social standing.

2. V-지 그래요? is spoken with a rising tone at the end of a sentence, like an interrogative statement, while V-지 그랬어요? is spoken with a falling tone at the end of a sentence, like a declarative statement, and is also used in the form V-지 그랬어요.

어휘와 표현

주제 어휘

기다려지다	to look forward to	설레다	to be excited
다행이다	to be a relief	우울하다	to be depressed
답답하다	to feel frustrated	지겹다	to be bored
서운하다	to be sad	짜증이 나다	to be annoyed

기타 어휘

감정	emotion	솔직하다	to be honest
긍정적	positive	심리 상담	psychological counseling
낯설다	to be unfamiliar	알레르기	allergy
다투다	to argue	우울증	depression
댓글	comment (online)	조언	advice
말을 걸다	to address to someone, to start talking to someone	줄다	to lessen
멘토링 프로그램	mentoring program	책임감	sense of responsibility
부정적	negative	텅	empty
상태	condition, state	행동하다	to act, to behave
상황	situation	환경	environment
속상하다	to be upset		

1 A/V-(으)ㄹ까 봐(서)

Used when talking about situations you're worried about or afraid of. The unknown situation about which you are worried comes in the preceding clause, and in the clause that follows comes the actions or preparations made to prepare for the thing you're worried about.

- 약속 시간에 **늦을까 봐** 걱정이에요.
- 길이 **막힐까 봐** 집에서 일찍 나왔다.

1. Expressions like 걱정이다, 고민이다, 불안하다, 긴장이 되다, etc. are often used following this grammar point. You can also use the actions that you took because of the situation that precedes the grammar point.
   - 건강이 안 좋아질까 봐 걱정이에요.
   - 약속 시간에 늦을까 봐 택시를 탔어요.

2. This grammar point cannot be used with imperative statements or requests.
   - 다음 시험이 어려울까 봐 단어를 외우세요. (×)
     다음 시험이 어려우니까 단어를 외우세요. (○)
   - 다음 시험이 어려울까 봐 같이 도서관에서 공부할까요? (×)
     다음 시험이 어려울 것 같은데 같이 도서관에서 공부할까요? (○)

Compare!

When speaking about worries about current or known facts, A/V-아/어서 걱정이다 is used, and when expressing worries about things that have been completed, A/V-았/었을까 봐(서) is used.

- 시험을 잘 못 봐서 걱정이에요. (시험을 잘 못 봤음.)
  시험을 잘 못 볼까 봐 걱정이에요. (시험을 보기 전에 걱정함.)
  시험에 잘 못 봤을까 봐 걱정이에요. (시험을 본 후에 걱정함.)

2 A/V-(으)ㄴ/는 척하다

Used to indicate that someone is falsely acting as if a certain state is true when in reality it isn't.

Ex.
- 학교에 가기 싫어서 **아픈 척했어요.**
- 부모님께서 걱정하실까 봐 항상 잘 **지내는 척한다.**
- 우리가 사귀는 것도 아닌데 **남자 친구인 척하지 마.**

1. Can be used with N이다 or N이/가 아니다.
   - 친구인 척했어요.
   - 친구가 아닌 척했어요.

2. When indicating a completed situation, V-(으)ㄴ 척하다 is used.
   - 아픈 곳이 없었지만 감기에 걸린 척했다.
   - 다치지 않았지만 다친 척했다.

Careful!

As this can convey a negative meaning, use caution when speaking about other people.
- 가 어떤 사람이 싫어요?
  나 똑똑한 척하는 사람이 싫어요.

어휘 늘리기

주제 어휘

꼭	tightly	꽉	fully
딱	exactly, perfectly	텅	empty
집돌이	homebody (male)	집순이	homebody (female)
짠돌이	stingy (male)	짠순이	stingy (female)
삐돌이	grumpy (male)	삐순이	grumpy (female)

기타 추가 어휘

당첨되다	to win	의미	meaning
번역가	translator	차다	to be full
복권	lottery ticket		

CHAPTER
대인 관계

5-1 아르바이트를 하느라고 모임에 못 갔어요

어휘와 표현

주제 어휘

부탁을 받다	to be asked a favor	부탁을 하다	to ask a favor
부탁을 거절하다	to refuse to do a favor	부탁을 들어주다	to do (someone) a favor
기분이 상하다	to be offended, to be hurt	어색하다	to be awkward
부담스럽다	to be burdensome	착하다	to be kind, to be goodnatured
솔직하다	to be honest		

기타 어휘

거절당하다	be refused, be rejected	완전히	entirely, completely
대안	alternative	우선	first
덜	less	전달되다	to be communicated
돌려서 말하다	to talk around	정신없다	to be out of it, to not be clear-headed
돌보다	to look after	정확하다	to be correct
따르다	to follow	제때	the right time
반대로	on the other hand, to the contrary	제시하다	to suggest
상대방	counterpart	직접적	direct, first-hand
순하다	to be docile	품절	sold out
예의	manners	피해를 주다	to cause harm
오해하다	to misunderstand	확실하다	to be certain
오히려	rather		

문법

 V-느라(고)

Indicates that the preceding clause is the basis or reason for the clause that follows. Used when performing an action took time and so the following action could not be performed or a negative state resulted.

Ex.
- 아침에 병원에 가느라 학교에 못 갔어요.
- 단어를 외우느라 숙제를 못 했어요.

1. The expressions V-느라(고) 바쁘다/힘들다/피곤하다/정신없다/수고하다/고생하다, etc. are often used.
   - 시험 준비를 하느라 바빠요.

2. Used when talking about the reason for not having any money.
   - 부모님 선물을 사느라 돈을 다 썼어요.

Careful!

1. The subject of the preceding and subsequent clauses must be the same, and the subsequent clause cannot be an imperative or a request.
   - 친구가 게임을 하느라 저는 숙제를 못 했어요. (×)
   - 비가 오느라 우산을 가지고 가세요. (×)

2. Always used in the present tense, and not used with -았/었- or -겠-.
   - 어제 병원에 갔느라고 수업을 못 들었어요. (×)

Compare!

-아/어서 and -느라(고) are both grammar points that express reasons, but with -아/어서, not only a continuing action but also a situation, state, or fact can be the cause, while with -느라(고), a continuous action is the cause.
- 감기에 걸려서 결석했어요. (○)
  감기에 걸리느라고 결석했어요. (×)
- 늦게 일어나서 지각했어요. (○)
  늦게 일어나느라고 지각했어요. (×)

2 V-(으)ㄹ 걸 그랬다

Used mainly when expressing regret or disappointment about one's past actions.

 · 비행기표를 미리 **예매할 걸 그랬어요.**

· 비가 오네요. 우산을 **가져올 걸 그랬어요.**

· 유학을 온 후 건강이 나빠졌는데 운동을 열심히 **할 걸 그랬다.**

 For negative expressions, V-지 말 걸 그랬다 is used.

· 커피를 마셔서 잠을 못 잤어요. 커피를 마시지 말 걸 그랬어요.

Compare!

1. V-(으)ㄹ 걸 그랬다 is used to express regret about one's own actions, and V-지 그랬어요? is used to express regret about the listener's actions.

· 가 점수가 나빠요. 열심히 공부할 걸 그랬어요.
  나 그러니까 조금만 놀지 그랬어요?

2. V-았/었어야 했는데 from Sub-Chapter 2-3 is also used to express regret, but is used when regretting not having done something that needed to be done, whereas V-(으)ㄹ 걸 그랬다 is used simply to regret something that happened in the past.

어휘와 표현

주제 어휘

다투다	to argue	잘못하다	to make a mistake
사과하다	to apologize	진심	sincerity
사이	relationship	화가 풀리다	to stop being angry
어기다	to break	화를 내다	to get angry
인정하다	to admit	화해하다	to make up, to reconcile

기타 어휘

과연	indeed	불만	complaint
과제	assignment	새내기	freshman
맞추다	to match	쌓이다	to build up
맡다	to take on	절약하다	to save (money, time, energy, ...)
무조건	unconditional, absolute	제발	please
변명하다	to make an excuse	학과	(school) department, major

1 V-았/었더니

Used when a result occurs or a fact comes to be known because of the speaker's actions or words in the past. Usually, the subject of the preceding clause is 나.

Ex.
- 열심히 **공부했더니** 장학금을 받게 됐어요.
- 아침 일찍 학교에 **갔더니** 문이 닫혀 있었어요.
- 동생에게 지금 **어디냐고 했더니** 집이라고 했어요.

When another person's words are the result of my own words or actions, A-다고 하다 and V-ㄴ/는다고 하다 are used.

- 내가 화를 냈더니 엄마가 무슨 일이 있냐고 물었다.
- 내가 친구에게 주말에 만나자고 했더니 친구가 시간이 없다고 했다.

Careful!

1. Cannot be used with requests or commands.
   - 열심히 공부했더니 장학금을 받읍시다. (×)
     열심히 공부했더니 장학금을 받으세요. (×)

2. When "나" is the subject of the subsequent clause, the result must be unintentional in order for it to sound natural. Accordingly, it is often used with -게 되다 or -아/어지다.
   - 학교까지 걸어 다녔더니 실을 뺐어요. (×)
     학교까지 걸어 다녔더니 살이 빠졌어요. (○)
   - 매일 한국 드라마를 봤더니 한국어를 잘해요. (×)
     매일 한국 드라마를 봤더니 한국어를 잘하게 됐다. (○)

2 V-게

Used when expressing the intended result of a certain action or effort.

 • 뒤에서도 **들리게** 크게 말했어요.

• 꿈을 **이룰 수 있게** 열심히 노력하려고 해요.

• 감기에 **걸리지 않게** 옷을 따뜻하게 입으세요.

 Because the subjects of the preceding and subsequent clauses can be different, it's often used when asking a favor or giving a command to another person.

• 바람이 들어오지 않게 창문을 닫아 주세요.

• 선생님, 이해할 수 있게 한 번 더 설명해 주세요.

Compare! Can be switched with V-도록. However, V-도록 is best suited to more official situations or writing.

• 모두 참석할 수 있도록 회의 시간을 결정하려고 합니다.

어휘 늘리기

주제 어휘

기대(를) 하다	to anticipate	기대(가) 되다	to be anticipated
걱정(을) 하다	to worry	걱정(이) 되다	to be worried
사고를 내다	for an accident to happen	사고가 나다	to cause an accident
고장(을) 내다	to break	고장(이) 나다	to be broken
화를 풀다	to release one's anger	화가 풀리다	to stop being angry
스트레스를 풀다	to release one's stres	스트레스가 풀리다	to have one's stress released
경험을 쌓다	to build experience	경험이 쌓이다	for experiences to build up
실력을 쌓다	to build one's skills	실력이 쌓이다	to have one's skills build up

음식

6-1 요리책에 나와 있는 대로 만들면 돼요

어휘와 표현

주제 어휘

굽다	to roast, to pan-fry	섞다	to mix
다지다	to mince	썰다	to cut, to slice, to chop
볶다	to stir-fry	찌다	to steam
부치다	to fry	튀기다	to deep-fry
삶다	to boil		

기타 어휘

간을 하다	to season, to add salt	양파	onion
마늘	garlic	영양분	nutrients
마르다	to be dry	자식	child
만두	dumpling	전	jeon (savory pancake)
바라다	to wish	추가하다	to add
불리다	to soak	회복하다	to recover
새우	shrimp	후식	dessert
양념	seasoning		

1 V-ㄴ/는 대로 N대로

V-ㄴ/는 대로 is used when expressing that an action is performed just like the preceding action, or in the manner indicated by the preceding action. N대로 is used when expressing that an action is performed just like the preceding noun, or to express that something is the same as the content of that noun.

- 제가 **그리는 대로** 똑같이 그려 보세요.

- 왕타오 씨가 **들은 대로** 말씀하시면 됩니다.

- 그 영화는 네가 **말한 대로** 정말 재미있었어.

- 리나 씨 **마음대로** 골라 보세요.

- 내 **예상대로** 이번 시험은 정말 어려웠어.

> Can also be used with the form V-고 싶다.
> - 네가 하고 싶은 대로 해.

> **Careful!**
> V-는 대로 isn't used with negative forms.
> - 엄마가 먹지 말라는 대로 안 먹었어요. (×)

> **Compare!**
> N처럼 is used with metaphors or comparisons, and expresses a similarity to the characteristics and degree of the noun, while N대로 expresses acting according to the meaning of the noun, or that something is the same as the content of that noun.
> - 꾸준히 운동하는 것은 말처럼 쉽지 않아요.
> - 네 말대로 건강을 위해서 꾸준히 운동을 해야겠어.

2 A–다면서(요)? V–ㄴ/는다면서(요)?

Used when asking the listener to confirm something you already know or heard from someone else.

Ex. • 어젯밤에 비가 많이 **왔다면서요**? 자느라고 전혀 몰랐어요.

• 이번 방학에 제주도에 **갈 거라면서**?

• 첸 씨 강아지가 그렇게 **귀엽다면서요**?

• 언니가 **의사라면서요**?

	과거 Past	현재 Present	미래 Future
동사 Verb	V–았/었다면서요?	V–ㄴ/는다면서요?	V–(으)ㄹ 거라면서요?
형용사 Adjective	A–았/었다면서요?	A–다면서요?	A–(으)ㄹ 거라면서요?
명사 Noun	N이었/였다면서요?	N(이)라면서요?	–

 Can be used not just with fact about the listener, but also with things that you think the listener will know.

• (너는) 이번 방학에 고향에 간다면서?

• 첸 씨가 이번 방학에 고향에 간다면서?

 Not used with things that the speaker has directly confirmed or facts they have become aware of through direct experience.

• 비빔밥을 먹어 보니까 맛있더라고요. 비빔밥이 정말 맛있다면서요? (×)

어휘와 표현

주제 어휘

말아 먹다	to put in soup and eat	싸 먹다	to wrap up and eat
부어 먹다	to pour (something) over and eat	찍어 먹다	to dip and eat
비벼 먹다	to mix and eat		
골고루	evenly	영양분	nutrients
섭취하다	to intake, to ingest	질리다	to be sick of
어우러지다	to go together		

기타 어휘

따로	separately	아끼다	to save
또한	also	입맛에 맞다	to suit one's taste
서양	western	조건	condition
소스	sauce	주제	topic
쌈	ssam (wrap)		

① V-다(가) 보니(까)

Used when talking about a change that occurred or a fact that came to be newly known in the process of doing a certain action. In the preceding clause is an action that has been repeated several times from the past until the present, or an action that has continued for longer than a certain period of time. In the clause that follows is the new state or newly known fact that resulted from the repetition or continuation of that action.

- 한국어를 **배우다가 보니까** 한국 문화도 좀 알게 됐어요.
- 친구랑 **놀다 보니까** 지하철이 끊겼어요.

> V-다(가) 보니(까) and V-다(가) 보면 have similar meanings to V-다(가) 보다 used with -(으)니까 and -(으)면, respectively. However, V-다(가) 보니(까) isn't used with the future tense and V-다(가) 보면 isn't used with the past tense.
>
> - 주말마다 등산을 하다 보니까 건강해졌어요.
>   주말마다 등산을 하다 보면 건강해져요. / 건강해질 거예요.
> - 친구랑 놀다 보니까 지하철이 끊겼어요.
>   친구랑 놀다 보면 지하철이 끊길 때도 있어요.

> **Compare!**
>
> Like V-아/어 보니(까), V-다(가) 보니(까) can't be used with actions that have only been tried once.
>
> - 오늘은 늦잠을 잤다. 아침에 일어나다 보니까 10시였다. (×)
>   오늘은 늦잠을 잤다. 아침에 일어나 보니까 10시였다. (○)

N(이)라도

Used to say something that is not what you most want, but is okay. Used when expressing that something isn't the best, but is fine as it is.

Ex.
- 더 작은 사이즈가 없으면 이 **옷이라도** 주세요.
- 졸린데 해야 할 게 너무 많네요. **커피라도** 좀 마셔야겠어요.

 Mainly used when requesting or suggesting a certain action to the listener, or when expressing the speaker's thoughts or intent.
- 도서관에 자리가 없으면 카페에서라도 공부할까?
- 방학 때 고향에는 못 가니까 부산에라도 다녀오고 싶다.

Careful!

1. Cannot be used with negatives 안, 못, etc.
   - 밥이 없으면 빵이라도 먹지 않을 거예요. (×)

2. Particles like 에, 에서, etc. aren't dropped.
   - 제주도는 머니까 가까운 춘천에라도 다녀올까?
   - 도서관에 자리가 많으면 교실에서라도 공부하자.
   - 혼자 가기 힘들면 다른 친구하고라도 같이 가는 게 어때?
   - 혼자 고민하지 말고 친구에게라도 이야기해 봐.
   - 모르는 게 있으면 인터넷으로라도 찾아보면 돼.

어휘 늘리기

주제 어휘

맛	taste, flavor	매콤하다	to be pleasantly spicy
고소하다	to be savory	새콤하다	to be pleasantly sour
느끼하다	to be oily, to be greasy	짭짤하다	to be slightly salty
달콤하다	to be pleasantly sweet		
식감	texture (of food)	부드럽다	to be soft
딱딱하다	to be hard	쫄깃하다	to be chewy
바삭하다	to be crunchy		

기타 추가 어휘

결제	payment	수험표	test admissions ticket
기계	device, machine	응시료	fee
담다	to put (something) in	출력하다	to print out
마을버스	village bus	키오스크	kiosk
소문	rumor	핫하다	to be hot (popular, trendy)

문법 설명 번역

1-1 서울에는 구경할 곳이 정말 많대요

• 문법

1 A-대(요) V-ㄴ/는대(요)

'A-다고 해요'와 'V-ㄴ/는다고 해요'의 줄임말. 들은 이야기나 알고 있는 정보를 다른 사람에게 전달할 때 사용하는 구어 표현이다.

	V-ㄴ/는다고 하다	V-ㄴ/는대(요)
평서문	A-다고 하다	A-대(요)
	N(이)라고 하다	N(이)래(요)
명령문	V-(으)라고 하다	V-(으)래(요)
청유문	V-자고 하다	V-재(요)
의문문	A/V-냐고 하다	A/V-내(요)

> 주의 'V-아/어 주다'의 경우 '-아/어 달래요/주래요'를 구분해야 한다.

2 A/V-아/어도

앞의 상황이나 행동이 뒤의 사실에 영향을 주지 않을 때 사용한다. 선행절에서는 어떤 상황이 있거나 행동을 하지만 후행절의 상황이나 행동은 그것과 관계없이 이루어질 때 사용한다.

> 참고 보통 '아무리' 부사를 함께 사용하여 행동이나 상태의 정도를 강조한다.
> (행동을 많이, 열심히 함 / 상태의 최대치)

1-2 사람이 많은 걸 보니까 유명한가 봐요

• 문법

1 A-(으)ㄴ 걸 보니(까)   A-(으)ㄴ가 보다 V-나 보다
   V-는 걸 보니(까)   A-(으)ㄴ가 보다 V-나 보다

현재의 상황이나 상태를 이유, 근거로 해서 과거, 현재, 미래의 어떤 상황이나 상태를 추측할 때 사용한다. 'A-(으)ㄴ 걸 보니(까), V-는 걸 보니(까)'는 화자가 확인한 추측의 이유 및 근거를, 'A-(으)ㄴ가 보다, V-나 보다'는 앞의 내용을 근거로 하여 추측한 내용을 쓴다.

	과거	현재		과거	현재
동사	V-(으)ㄴ 걸 보니(까)	V-는 걸 보니(까)		V-았/었나 보다	V-나 보다
형용사	A-았/었던 걸 보니(까)	A-(으)ㄴ 걸 보니(까)		A-았/었나 보다	A-(으)ㄴ가 보다
명사	N이었/였던 걸 보니(까)	N인 걸 보니(까)		N이었나/였나 보다	N인가 보다

※ 형용사와 명사의 과거는 3-2과에서 배울 예정임.

참고 'A-(으)ㄴ 가 보다, V-나 보다'는 'A-(으)ㄴ 걸 보니(까), V-는 걸 보니(까)' 없이 단독으로 쓸 수 있다.

주의 'A-(으)ㄴ 걸 보니(까), V-는 걸 보니(까)'를 추측의 이유, 근거로 사용할 때에는 추측 표현과 함께 써야 한다.

비교 1. 'A-(으)ㄴ 가 보다, N인가 보다'는 각각 'A-(으)ㄴ 모양이다, N인 모양이다'와 바꿔 쓸 수 있다.
2. 'A-(으)ㄴ 가 보다, V-나 보다'와 'A-(으)ㄴ 것 같다, V-는 것 같다'는 모두 추측 표현이지만 'A-(으)ㄴ 가 보다, V-나 보다'는 경험한 일에 쓸 수 없고 추측의 근거나 이유가 필요하다.

2 A-(으)ㄴ 대신에 V-는 대신(에) N 대신(에)
앞의 행동, 물건을 뒤의 행동, 물건으로 대체하거나 앞의 상황을 뒤의 상황으로 보상, 보완할 때 사용한다.

참고 앞의 상황이 완료된 이후에 그 상황을 보상, 보완할 때에는 'V-(으)ㄴ 대신(에)'를 사용한다.

Chapter 02 유학 생활

2-1 지금처럼 계속 노력한다면 좋은 결과가 있을 거예요

• 문법

1 A-다면 V-ㄴ/는다면 N(이)라면
어떤 사실이나 상황을 가정해서 말할 때 사용한다. 선행절은 가정하는 내용을 쓰는데 보통 불확실하거나 현실과 다른 내용을 쓰고 후행절에는 앞에서 말한 것에 따라 어떤 행동을 하거나 어떤 상태에 있다는 것을 쓴다.

비교 'A-다면, V-ㄴ/는다면'은 'A/V-(으)면'과 서로 바꿔 쓸 수 있으나 뒤에 오는 내용에 대한 근거나 조건을 말할 때, 습관적이고 반복적인 조건을 말할 때에는 'A-다면, V-ㄴ/는다면'을 쓸 수 없다.

2 V-기 위해(서) N을/를 위해(서)

어떤 행동을 하는 목적을 말할 때 사용한다. 선행절에는 목적을 쓰고 후행절에는 그 목적을 이룰 수 있는 행동을 쓴다.

> **참고** 'A-아/어지다'와 함께 쓸 수 있다.

> **주의** 1. 선행절과 후행절의 주어가 같아야 한다.
> 2. '-지 않다'와는 함께 쓸 수 있지만 '-지 못하다'와는 함께 쓸 수 없다.
> 3. 'A/V-(으)ㄹ 수 있다' 또는 'V-아/어 보다' 등과 함께 사용할 수 없다.
> 4. 'N을/를 위해(서)'를 쓸 때에는 '미래', '건강', '사랑' 등 추상적인 뜻이 있는 명사를 쓰고 구체적인 사물을 뜻하는 명사는 사용하지 않는다.

> **비교** 말하는 사람의 의도를 나타내는 'V-(으)려고'와 비슷한 뜻으로 사용된다. 'V-기 위해(서)'를 쓸 때에는 목적을 실현시키기 위한 행위가 있어야 한다.

2-2 야구 경기를 관람했는데 정말 재미있더라고요

• 문법

1 A/V-더라고(요)

말하는 사람이 과거에 직접 보거나 듣거나 느껴서 알게 된 것을 지금 상대방에게 전달할 때 사용한다.

> **참고** 1. 말하는 사람이 직접 보거나 들어서 알게 된 사실이므로 서술어가 동작 동사일 경우 1인칭 주어는 사용할 수 없다. 반대로 서술어가 감정이나 기분, 심리 상태를 나타내는 형용사일 경우에는 1인칭 주어를 사용한다.
> 2. 완료된 사실을 전달할 때는 '-았/었더라고(요)'를 사용한다.

2 A/V-(으)ㄹ 수밖에 없다

특정 상황에서 다른 선택을 할 수 없어 그것만을 해야 한다거나 상황을 고려했을 때 그런 결과가 당연하다는 것을 표현할 때 사용한다.

소중한 추억

3-1 여행을 하면 기분이 좋아질 뿐만 아니라 많은 것을 배울 수 있어요

• 문법

① A/V-(으)ㄹ 뿐(만) 아니라   N뿐(만) 아니라

선행절의 내용만 있는 것이 아니라 후행절의 내용도 있다고 강조하고 싶을 때 사용한다.

		과거	현재
동사		V-았/었을 뿐(만) 아니라	V-(으)ㄹ 뿐(만) 아니라
형용사		A-았/었을 뿐(만) 아니라	A-(으)ㄹ 뿐(만) 아니라
명사	N(이)다	N이었/였을 뿐(만) 아니라	N일 뿐(만) 아니라
	N	–	N뿐(만) 아니라

참고 N의 활용형에는 'N일 뿐(만) 아니라', 'N뿐(만) 아니라'가 있는데 다음과 같은 점에서 다르다.

주의 1. 앞의 내용에 뒤의 내용을 추가할 때 사용하는 문법이기 때문에 앞의 내용이 의미하는 것과 다른 내용을 쓸 수 없다.
2. 'V-(으)세요', 'V-(으)ㅂ시다'와 함께 쓰지 않는다.

② A/V-(으)ㄹ 텐데

선행절에는 추측한 상황을, 후행절에는 그 상황과 관계가 있는 내용(반대의 상황이나 질문, 제안)을 말할 때 사용한다.

참고 1. 'A/V-(으)ㄹ 텐데(요)'의 형태로도 쓸 수 있다.
2. 과거의 상황이나 완료된 상황을 추측해 말할 때에는 'A/V-았/었을 텐데'를 쓸 수 있다.

3-2 여기가 제가 어렸을 때 살던 곳이에요

• 문법

① V-던 N   A-았/었던 N

과거에 시작된 일이 아직 끝나지 않았을 때, 또는 과거에 자주 한 일이나 한 번만 한 일을 회상해서 이야기할 때 사용한다

참고 1. 지금은 하지 않지만 과거에 자주 한 일에 대해서 이야기할 때는 큰 의미 차이 없이 'V-던 N'와 'V-았/었던 N'를 바꿔 쓸 수 있다.
2. 과거 어떤 특정한 날에 한 번만 한 일이나 반복할 수 없는 일을 이야기할 때는 'V-았/었던 N'를 사용해야 한다.
3. 'A-았/었던 N'은 'A-(으)ㄴ N'의 과거형이다.

비교 완료가 된 상황일 때에는 'V-(았/었)던 N'와 'V-(으)ㄴ N'를 바꿔 쓸 수 있지만 N에 대해 회상할 필요가 없을 때는 'V-(았/었)던 N'를 사용하지 않는다.

2 V-자마자

앞의 행동이 끝난 후 다음 행동을 바로 하거나 앞의 일이 끝나고 짧은 시간 후에 다음 일이 생겼을 때 사용한다. 이때 두 일(행동) 사이의 짧은 시간은 말하는 사람의 개인적인 느낌이므로 실제 시간과 다를 수 있다.

주의 항상 현재형으로만 사용하며 부정형을 쓸 수 없다.

Chapter 04 성격과 습관

4-1 그건 너답지 않아

• 문법

1 N답다, N스럽다

'N답다'는 그 명사가 원래 갖추어야 할 특성이나 성질, 자격을 잘 갖고 있다는 것을, 'N스럽다'는 그 명사와 비슷한 특성이나 성질이 있는 것처럼 보일 때 사용한다.

주의 1. 'N답다'는 앞의 명사가 원래 가져야 할 특성이나 성질, 자격이 있음을 나타내므로 주어는 그 명사의 범주에 해당하는 것이어야 한다. 반대로 'N스럽다'는 그 명사와 비슷한 특성이나 성질이 있는 것처럼 보임을 나타내므로 주어는 그 명사의 범주에 해당하는 것을 사용하면 안 된다.
2. 'N답다'는 자격이나 지위를 나타내는 명사에 사용하므로 사람과 관련된 명사뿐만 아니라 장소나 기관 명사 등 구체 명사에 사용되는 반면 'N스럽다'는 장소나 기관 명사에는 사용되지 않으며 구체 명사뿐만 아니라 추상 명사에도 사용된다.

2 V-지 그래(요)?, V-지 그랬어(요)?

'V-지 그래요?'는 상대방에게 앞으로 도움이 될 수 있는 행동을 제안하거나 권할 때 사용하는 표현으로 약하고 부드러운 명령문으로도 사용하며, 'V-지 그랬어요?'는 상대방의 과거 행동을 아쉬워하거나 잘못한 점을 지적할 때 사용한다.

참고 1. 'V-지 그래요?'는 명령이나 청유의 의미이므로 윗사람에게는 잘 사용하지 않는다.
2. 'V-지 그래요?'는 의문문과 같이 문장 끝을 올려 말하는 반면 'V-지 그랬어요?'는 평서문과 같이 문장 끝을 내려 말하고 'V-지 그랬어요.'의 형태로도 사용한다.

4-2 친구가 기분 나빠할까 봐 마음에 드는 척했어요

• 문법

1 A/V-(으)ㄹ까 봐(서)

걱정하거나 두려워하는 상황에 대해 말할 때 사용한다. 선행절에는 알지 못해 걱정되는 상황을 쓰고, 후행절에는 걱정을 대비하기 위한 노력이나 준비를 쓴다.

> 참고 1. 문법 뒤에 '걱정이다', '고민이다', '불안하다', '긴장이 되다' 등의 표현을 쓰는 경우가 많다. 문법 앞의 상황 때문에 자신이 한 행동을 쓸 수도 있다.
> 2. 이 문법에는 명령문과 청유문을 쓸 수 없다.

> 비교 'A/V-아/어서 걱정이다'는 현재나 알고 있는 사실에 대한 걱정을 말할 때 쓴다. 완료된 일이나 그 결과를 모를 때에는 'V-았/었을까 봐(서)'를 사용한다.

2 A/V-(으)ㄴ/는 척하다

실제로는 그렇지 않은 어떤 상태를 거짓으로 그럴듯하게 꾸밈을 나타낼 때 사용한다.

> 참고 1. 'N이다' 또는 'N이/가 아니다'와 함께 사용할 수 있다.
> 2. 완료된 상황을 나타낼 때에는 'V-(으)ㄴ 척하다'를 사용한다.

> 주의 다른 사람에 대해 말할 때 부정적인 의미를 전달할 수 있으므로 주의해야 한다.

Chapter 05 대인 관계

5-1 아르바이트를 하느라고 모임에 못 갔어요

• 문법

1 V-느라(고)

선행절이 후행절에 대한 원인이나 이유를 나타낸다. 어떤 행동을 하는 데에 시간이 걸려서 뒤의 행동을 못 하거나 부정적인 상태가 될 때 사용한다.

> 참고 1. '-느라(고) 바쁘다/힘들다/피곤하다/정신없다/수고하다/고생하다' 등의 표현을 많이 사용한다.
> 2. 돈이 없는 이유에 대해 말할 때에도 사용한다.

> 주의 1. 선행절과 후행절의 주어가 같아야 하고, 후행절에는 명령문이나 청유문이 올 수 없다.
> 2. 항상 현재형으로 사용하고 '-았/었-'이나 '-겠-'을 사용하지 않는다.

> 비교 '-아/어서'와 '-느라(고)' 모두 이유를 나타내는 문법이지만 '-아/어서'는 시간의 순서에 따른 원인과 결과이고 '-느라(고)'는 어떤 일을 하는 시간 동안, 그 시간에 한 일이 후행절의 원인이 된다.

2 V-(으)ㄹ 걸 그랬다

말하는 사람이 과거에 자신이 한 행동에 대한 후회나 아쉬움을 나타낼 때 사용한다.

참고 부정문을 쓸 때는 'V-지 말 걸 그랬다'를 사용한다.

비교 1. 'V-(으)ㄹ 걸 그랬다'는 자신의 행동에 대한 아쉬움을 나타낼 때 사용하고, 'V-지 그랬어
　　　요?'는 상대방의 행동에 대한 아쉬움을 나타낼 때 사용한다.
　　2. 2-3 실전말하기의 'V-았/었어야 했는데'도 후회를 나타낼 때 사용하지만 'V-았/었어야
　　　했는데'는 반드시 해야 하는 일을 하지 못해서 후회할 때 사용하는 것에 비해 'V-(으)ㄹ
　　　걸 그랬다'는 단순히 지나간 일에 대한 아쉬움을 나타낼 때도 사용한다.

5-2 제가 약속에 늦었더니 친구가 화를 냈어요

• **문법**

1 V-았/었더니

말하는 사람이 자신이 한 행동이나 말 때문에 어떤 결과가 생기거나 어떤 사실을 알게 됐을 때
사용한다. 보통 선행절의 주어는 '나'이다.

참고 나의 말이나 행동에 대한 결과로 다른 사람이 한 말을 쓸 때에는 'A-다고 하다, V-ㄴ/는
　　　다고 하다'를 사용한다.

주의 1. 청유형이나 명령형과 함께 쓸 수 없다.
　　2. 문장 뒷부분의 주어는 보통 '나'가 아니다. '나'를 주어로 사용할 때에는 그 결과에 '의
　　　도성'이 없어야 자연스럽다. 따라서 '-게 되다'나 '-아/어지다'와 사용하는 경우가 많
　　　다.

2 V-게

어떤 행동이나 노력으로 기대하는 결과를 말할 때 사용한다.

참고 앞부분과 뒷부분의 주어가 달라도 되기 때문에 다른 사람에게 부탁이나 명령할 때 자주
　　　사용한다.

비교 'V-도록'과 바꿔 쓸 수 있다. 단, 'V-도록'은 좀 더 공식적인 상황이나 글을 쓸 때 잘 어울
　　　린다.

음식

6-1 요리책에 나와 있는 대로 만들면 돼요

• 문법

1 V-ㄴ/는 대로   N대로

선행절의 행동이나 내용을 후행절에서 그대로 따라하거나 그 내용과 같다는 것을 표현할 때 사용한다.

> 참고 'V-고 싶다' 형태의 형용사도 사용할 수 있다.

> 주의 'V-는 대로'는 부정형과 함께 사용하지 않는다.

> 비교 'N처럼'은 비유나 비교할 때 사용하며 그 명사의 특징과 정도가 비슷하거나 같음을 나타낼 때 사용하는 반면 'N대로'는 그 명사의 의미를 따라서 행동하거나 그 명사의 내용과 같음을 나타낸다.

2 A-다면서(요)?   V-ㄴ/는다면서(요)?

다른 사람에게 들었거나 이미 알고 있는 내용을 상대방에게 확인하며 물을 때 사용한다.

	과거	현재	미래
동사	V-았/었다면서요?	V-ㄴ/는다면서요?	V-(으)ㄹ 거라면서요?
형용사	A-았/었다면서요?	A-다면서요?	A-(으)ㄹ 거라면서요?
명사	N이었/였다면서요?	N(이)라면서요?	–

> 참고 상대방에 대한 사실뿐만 아니라 상대방이 잘 알고 있을 만한 내용에 모두 사용할 수 있다.

> 주의 말하는 사람이 직접 확인했거나 경험으로 알게 된 사실에 대해서는 사용하지 않는다.

- **문법**

1 V-다(가) 보니(까)

어떤 행동을 하는 과정에서 생긴 변화나 새로 알게 된 사실을 말할 때 사용한다. 선행절은 과거부터 지금까지 여러 번 반복한 행동 또는 일정 시간 이상 지속된 행동과 함께 쓰고 후행절은 그행동의 반복이나 지속이 원인이 되어 생긴 새로운 상태, 깨닫게 된 새로운 사실을 쓴다.

참고 'V-다(가) 보니(까)'와 'V-다(가) 보면'은 각각 'V-다(가) 보다'에 '-(으)니까'와 '-(으)면'을 쓴 문법으로 뜻이 비슷하다. 그러나 'V-다(가) 보니(까)'는 미래형과 함께 쓰지 않고 'V-다(가) 보면'은 과거형과 쓰지 않는다.

비교 'V-다(가) 보니(까)'는 'V-아/어 보니(까)'처럼 어쩌다 한 일이나 한번 시도해 본 일에 대해서는 쓸 수 없다.

2 N(이)라도

가장 원하는 것은 아니지만 그런대로 괜찮은 것을 말할 때, 또는 최선은 아니지만 그런대로 괜찮다는 것을 말할 때 사용한다.

참고 상대방에게 어떤 행동을 요구하거나 권유할 때, 말하는 사람의 생각이나 의지를 나타낼 때 주로 사용한다.

주의 1. 부정을 나타내는 '안', '못' 등과 함께 사용할 수 없다.
2. '에', '에서' 등의 조사를 생략하지 않는다.

MEMO

MEMO